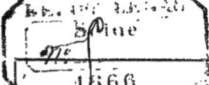

ANGELO

PAR

VICTOR HUGO

ILLUSTRÉ DE DIX DESSINS
PAR BEAUCÉ

65 CENTIMES L'OUVRAGE COMPLET

PARIS
J. HETZEL, ÉDITEUR, 18, RUE JACOB.

ANGELO

PAR

VICTOR HUGO

PRÉFACE.

Dans l'état où sont aujourd'hui toutes ces questions profondes qui touchent aux racines mêmes de la société, il semblait depuis longtemps à l'auteur de ce drame qu'il pourrait y avoir utilité et grandeur à développer sur le théâtre quelque chose de pareil à l'idée que voici :

Mettre en présence, dans une action toute résultante du cœur, deux graves et douloureuses figures, la femme dans la société, la femme hors de la société, c'est-à-dire, en deux types vivants, toutes les femmes, toute la femme. Montrer ces deux femmes, qui résument tout en elles, généreuses souvent, malheureuses toujours. Défendre l'une contre le despotisme, l'autre contre le mépris. Enseigner à quelles épreuves résiste la vertu de l'une, à quelles larmes se lave la souillure de l'autre. Rendre la faute à qui est la faute, c'est-à-dire à l'homme, qui est fort, et au fait social, qui est absurde. Faire vaincre dans ces deux âmes choisies les ressentiments de la femme par la piété de la fille, l'amour d'un amant par l'amour d'une mère, la haine par le dévouement, la passion par le devoir. En regard de ces deux femmes ainsi faites poser deux hommes, le mari et l'amant, le souverain et le proscrit, et résumer en eux par mille développements secondaires toutes les relations régulières et irrégulières que l'homme peut avoir avec la femme d'une part, et la société de l'autre. Et puis au bas de ce groupe, qui jouit, qui possède et qui souffre, tantôt sombre, tantôt rayonnant, ne pas oublier l'envieux, ce témoin fatal, qui est toujours là, que la Providence aposte au bas de toutes les sociétés, de toutes les hiérarchies, de toutes les prospérités, de toutes les passions humaines ; éternel ennemi de tout ce qui est en haut ; changeant de forme selon le temps et le lieu, mais au fond toujours le même ; espion à Venise, eunuque à Constantinople, pamphlétaire

1

à Paris. Placer donc comme la Providence le place, dans l'ombre, grinçant des dents à tous les sourires, ce misérable intelligent et perdu qui ne peut que nuire, car toutes les portes que son amour trouve fermées, sa vengeance les trouve ouvertes. Enfin au-dessus de ces trois hommes, entre ces deux femmes, poser comme un lien, comme un symbole, comme un intercesseur, comme un conseiller, le Dieu mort sur la croix. Clouer toute cette souffrance humaine au revers du crucifix.

Puis de tout ceci ainsi posé faire un drame; pas tout à fait royal, de peur que la possibilité de l'application ne disparût dans la grandeur des proportions; pas tout à fait bourgeois, de peur que la petitesse des personnages ne nuisit à l'ampleur de l'idée; mais princier et domestique : princier, parce qu'il faut que le drame soit grand; domestique, parce qu'il faut que le drame soit vrai. Mêler dans cette œuvre, pour satisfaire ce besoin de l'esprit qui veut toujours sentir le passé dans le présent et le présent dans le passé, à l'élément éternel, à l'élément humain, à l'élément social, un élément historique. Peindre, chemin faisant, à l'occasion de cette idée, non-seulement l'homme et la femme, non-seulement ces deux femmes et ces trois hommes, mais tout un siècle, tout un climat, toute une civilisation, tout un peuple. Dresser sur cette pensée, d'après les données spéciales de l'histoire, une aventure tellement simple et vraie, si bien vivante, si bien palpitante, si bien réelle, qu'aux yeux de la foule elle pût cacher l'idée elle-même comme la chair cache l'os.

Voilà ce que l'auteur de ce drame a tenté de faire. Il n'a qu'un regret : c'est que cette pensée ne soit pas venue à un meilleur que lui.

Aujourd'hui, en présence d'un succès dû évidemment à cette pensée et qui a dépassé toutes ses espérances, il sent le besoin d'expliquer son idée entière à cette foule sympathique et éclairée qui s'amoncèle chaque soir devant son œuvre avec une curiosité pleine de responsabilité pour lui.

On ne saurait trop le redire, pour quiconque a médité sur les besoins de la société, auxquels doivent toujours correspondre les tentatives de l'art, aujourd'hui, plus que jamais, le théâtre est un lieu d'enseignement. Le drame, comme l'auteur de cet ouvrage le voudrait faire, et comme le pourrait faire un homme de génie, doit donner à la foule une philosophie, aux idées une formule, à la poésie des muscles, du sang et de la vie, à ceux qui pensent une explication désintéressée, aux âmes altérées un breuvage, aux plaies secrètes un baume, à chacun un conseil, à tous une loi.

Il va sans dire que les conditions de l'art doivent être d'abord et en tout remplies. La curiosité, l'intérêt, l'amusement, le rire, les larmes, l'observation perpétuelle de tout ce qui est nature, l'enveloppe merveilleuse du style, le drame doit avoir tout cela, sans quoi il ne serait pas le drame; mais pour être complet, il faut qu'il ait aussi la volonté d'enseigner, en même temps qu'il a la volonté de plaire. Laissez-vous charmer par le drame, mais que la leçon soit dedans, et qu'on puisse toujours l'y retrouver quand on voudra disséquer cette belle chose vivante, si ravissante, si poétique, si passionnée, si magnifiquement vêtue d'or, de soie et de velours. Dans le beau drame, il doit toujours y avoir une idée sévère, comme dans la plus belle femme il y a un squelette.

L'auteur ne se dissimule, comme on voit, aucun des devoirs austères du poëte dramatique. Il essaiera peut-être quelque jour, dans un ouvrage spécial, d'expliquer en détail ce qu'il a voulu faire dans chacun des divers drames qu'il a donnés depuis sept ans. En présence d'une tâche aussi immense que celle du théâtre au dix-neuvième siècle, il sent son insuffisance profonde, mais il n'en persévérera pas moins dans l'œuvre qu'il a commencée. Si peu de chose qu'il soit, comment reculerait-il, encouragé qu'il est par l'adhésion des esprits d'élite, par l'applaudissement de la foule, par la loyale sympathie de tout ce qu'il y a aujourd'hui dans la critique d'hommes éminents et écoutés! Il continuera donc fermement; et chaque fois qu'il croira nécessaire de faire bien voir à tous, dans ces moindres détails, une idée utile, une idée sociale, une idée humaine, il posera le théâtre dessus comme un ver grossissant.

Au siècle où nous vivons, l'horizon de l'art est bien élargi. Autrefois le poëte disait : le public; aujourd'hui le poëte dit : le peuple.

7 mai 1855.

ANGELO

PERSONNAGES.

ANGELO MALIPIERI, Podesta.
CATARINA BRAGADINI.
LA TISBE.
RODOLFO.
HOMODEI.
ANAFESTO GALEOFA.
REGINELLA.

DAFNE.
Un Page noir.
Un Guetteur de nuit.
Un Huissier.
Le Doyen de Saint-Antoine de Padoue.
L'Archiprêtre.

Padoue. — 1549. — Francisco Donato étant doge.

PREMIÈRE JOURNÉE

LA CLEF

Un jardin illuminé pour une fête de nuit. A droite, un palais plein de musique et de lumière, avec une porte sur le jardin et une galerie en arcades au rez-de-chaussée, où l'on voit circuler les gens de la fête. Vers la porte, un banc de pierre. A gauche, un autre banc sur lequel on distingue dans l'ombre un homme endormi. Au fond, au-dessus des arbres, la silhouette noire de Padoue au seizième siècle, sur un ciel clair. Vers la fin de l'acte le jour paraît.

SCÈNE PREMIÈRE.

LA TISBE, riche costume de fête. ANGELO MALIPIERI, la veste ducale, l'étole d'or. HOMODEI, endormi; longue robe de laine brune fermée par-devant, haut-de-chausses rouge; une guitare à côté de lui.

LA TISBE. — Oui, vous êtes le maître ici, monseigneur; vous êtes le magnifique podesta; vous avez droit de vie et de mort, toute puissance, toute liberté. Vous êtes envoyé de Venise, et partout où l'on vous voit il semble qu'on voit la face et la majesté de cette république. Quand vous passez dans une rue, monseigneur, les fenêtres se ferment, les passants s'esquivent, et tout le dedans des maisons tremble. Hélas! ces pauvres Padouans n'ont guère l'attitude plus fière et plus rassurée devant vous que s'ils étaient les gens de Constantinople, et vous le Turc. Oui, cela est ainsi. Ah! j'ai été à Brescia. C'est autre chose. Venise n'oserait pas traiter Brescia comme elle traite Padoue; Brescia se défendrait. Quand le bras de Venise frappe, Brescia mord, Padoue lèche. C'est une honte. Eh bien! quoique vous soyez ici le maître de tout le monde, et que vous prétendiez être le mien, écoutez-moi, monseigneur, je vais vous dire la vérité, moi. Pas sur les affaires d'état, n'ayez pas peur, mais sur les vôtres. Eh bien, oui! je vous le dis, vous êtes un homme étrange, je ne comprends rien à vous; vous êtes amoureux de moi et vous êtes jaloux de votre femme!

ANGELO. — Je suis jaloux aussi de vous, madame.

LA TISBE. — Ah, mon Dieu! vous n'avez pas besoin de me le dire! Et pourtant vous n'en avez pas le droit, car je ne vous appartiens pas. Je passe ici pour votre maîtresse, pour votre toute-puissante maîtresse, mais je ne le suis point, vous le savez bien.

ANGELO. — Cette fête est magnifique, madame.

LA TISBE. — Ah! je ne suis qu'une pauvre comédienne de théâtre, on me permet de donner des fêtes aux sénateurs, je tâche d'amuser notre maître, mais cela ne me réussit guère aujourd'hui. Votre visage est plus sombre que mon masque n'est noir. J'ai beau prodiguer les lampes et les flambeaux, l'ombre reste sur votre front. Ce que je vous donne en musique, vous ne me le rendez pas en gaieté, monseigneur. — Allons, riez donc un peu.

ANGELO. — Oui, je ris. — Ne m'avez-vous pas dit que c'était votre frère, ce jeune homme qui est arrivé avec vous à Padoue?

LA TISBE. — Oui. Après?

ANGELO. — Vous lui avez parlé tout à l'heure. Quel est donc cet autre avec qui il était?

LA TISBE. — C'est son ami. Un Vicentin nommé Anafesto Galeofa.

ANGELO. — Et comment s'appelle-t-il, votre frère?

LA TISBE. — Rodolfo, monseigneur, Rodolfo. Je vous ai déjà expliqué tout cela vingt fois. Est-ce que vous n'avez rien de plus gracieux à me dire?

ANGELO. — Pardon, Tisbe, je ne vous ferai plus de questions. Savez-vous que vous avez joué hier la Rosmonda d'une grâce merveilleuse, que cette ville est bien heureuse de vous avoir, et que toute l'Italie qui vous admire, Tisbe, envie ces Padouans que vous plaignez tant? Ah! toute cette foule qui vous applaudit m'importune. Je meurs de jalousie quand je vous vois si belle pour tant de regards. Ah, Tisbe! — Qu'est-ce donc que cet homme masqué à qui vous avez parlé ce soir entre deux portes?

LA TISBE. — Pardon, Tisbe, je ne vous ferai plus de questions. — C'est fort bien. Cet homme, monseigneur, c'est Virgilio Tasca.

ANGELO. — Mon lieutenant?

LA TISBE. — Votre sbire.

ANGELO. — Et que lui vouliez-vous?

LA TISBE. — Vous seriez bien attrapé, s'il ne me plaisait pas de vous le dire.

ANGELO. — Tisbe!...

LA TISBE. — Non, tenez, je suis bonne, voilà l'histoire. Vous savez qui je suis? rien, une fille du peuple, une comédienne, une chose que vous caressez aujourd'hui et que vous briserez demain. Toujours en jouant. Eh bien! si peu que je sois, j'ai eu une mère. Savez-vous ce que c'est que d'avoir une mère? en avez-vous eu une, vous? savez-vous ce que c'est que d'être enfant? pauvre enfant, faible, nu, misérable, affamé, seul au monde, et de sentir que vous avez auprès de vous, autour de vous, au-dessus de vous, marchant quand vous marchez, s'arrêtant quand vous vous arrêtez, souriant quand vous pleurez, une femme... — non, on ne sait pas encore que c'est une femme, — un ange qui est là, qui vous regarde, qui vous apprend à parler, qui vous apprend à rire, qui vous apprend à aimer! qui réchauffe vos doigts dans ses mains, votre corps dans ses genoux, votre âme dans son cœur! qui vous donne son lait quand vous êtes petit, son pain quand vous êtes grand, sa vie toujours! à qui vous dites, ma mère! et qui vous dit, mon enfant! d'une manière si douce que ces deux mots-là réjouissent Dieu! — Eh bien! j'avais une mère comme cela, moi. C'était une pauvre femme sans mari qui chantait des chansons morlaques dans les places publiques de Brescia. J'allais avec elle. On nous jetait quelque monnaie. C'est ainsi que j'ai commencé. Ma mère se tenait d'habitude au pied de la statue de Gatta Melata. Un jour, il paraît que dans la chanson qu'elle chantait sans y rien comprendre, il y avait quelque rime offensante pour la seigneurie de Venise, ce qui faisait rire autour de nous les gens d'un ambassadeur. Un sénateur passa, il regarda, il entendit, et dit au capitaine-grand qui le suivait: À la potence cette femme! Dans l'état de Venise, c'est bientôt fait. Ma mère fut saisie sur-le-champ. Elle ne dit rien: à quoi bon? m'embrassa avec une grosse larme qui tomba sur mon front, prit son crucifix et se laissa garrotter. Je le vois encore, ce crucifix. En cuivre poli. Mon nom, *Tisbe*, est grossièrement écrit au bas avec la pointe d'un stylet. Moi, j'avais seize ans alors, je regardais ces gens lier ma mère, sans pouvoir parler, ni crier, ni pleurer, immobile, glacée, morte, comme dans un rêve. La foule se taisait aussi. Mais il y avait avec le sénateur une jeune fille qu'il tenait par la main, sa fille sans doute, qui s'émut de pitié moi à coup. Une belle jeune fille, monseigneur. La pauvre enfant! elle se jeta aux pieds du sénateur, elle pleura tant, et des larmes si suppliantes et avec de si beaux yeux, qu'elle obtint la grâce de ma mère. Oui, monseigneur. Quand ma mère fut déliée, elle prit son crucifix, — ma mère, — et le donna à la belle enfant en lui disant: Madame, gardez ce crucifix, il vous portera bonheur. Depuis ce temps, ma mère est morte, sainte femme; moi, je suis devenue riche, et je voudrais revoir cet enfant, cet ange, qui a sauvé ma mère. Qui sait? elle est femme maintenant, et par conséquent malheureuse. Elle a peut-être besoin de moi à son tour. Dans toutes les villes où je vais, je fais venir le sbire, le barigel, l'homme de police, je lui conte l'aventure, et à celui qui trouvera la femme que je cherche je donnerai dix mille sequins d'or. Voilà pourquoi j'ai parlé tout à l'heure entre deux portes à votre barigel Virgilio Tasca. Etes-vous content?

ANGELO. — Dix mille sequins d'or! mais que donnerez-vous à la femme elle-même, quand vous la retrouverez?

LA TISBE. — Ma vie! si elle veut.

ANGELO. — Mais à quoi la reconnaîtrez-vous?

LA TISBE. — Au crucifix de ma mère.

ANGELO. — Bah! elle l'aura perdu.

LA TISBE. — Oh! non. On ne perd pas ce qu'on a gagné ainsi.

ANGELO, *apercevant Homodei*. — Madame! madame! il y a un homme là! savez-vous qu'il y a un homme là? qu'est-ce que cet homme?

LA TISBE, *éclatant de rire*. — Hé, mon Dieu! oui, je sais qu'il y a un homme là, et qui dort encore! et d'un bon sommeil! N'allez-vous pas vous effaroucher aussi de celui-là? c'est mon pauvre Homodei.

ANGELO. — Homodei! qu'est-ce que c'est que cela, Homodei?

LA TISBE. — Cela, Homodei, c'est un homme, monseigneur, comme ceci, la Tisbe, c'est une femme. Homodei, monseigneur, c'est un joueur de guitare que monseigneur le primicier de Saint-Marc, qui est fort de mes amis, m'a adressé dernièrement avec une lettre que je vous montrerai, vilain jaloux! et même à la lettre était joint un présent.

ANGELO. — Comment!

LA TISBE. — Oh! un vrai présent vénitien. Une boite qui contient simplement deux flacons, un blanc, l'autre noir. Dans le blanc il y a un narcotique très-puissant qui endort pour douze heures d'un sommeil pareil à la mort; dans le noir il y a du poison, de ce terrible poison que Malaspina fit prendre au pape dans une pilule d'aloès, vous savez. M. le primicier m'écrit que cela peut servir dans l'occasion. Une galanterie, comme vous voyez. Du reste, le révérend primicier me prévient que le pauvre homme, porteur de la lettre et du présent, est idiot. Il est ici et vous auriez dû le voir, depuis quinze jours, mangeant à l'office, couchant dans le premier coin venu, à sa mode, jouant et chantant en attendant qu'il s'en aille à Vicence. Il vient de Venise. Hélas! ma mère a erré ainsi. Je le garderai tant qu'il voudra. Il a quelque temps égayé la compagnie ce soir. Notre fête ne l'amuse pas, il dort. C'est aussi simple que cela.

ANGELO. — Vous me répondez de cet homme?

LA TISBE. — Allons, vous voulez rire! La belle occasion pour prendre cet air effaré ici vraiment! un idiot, un homme qui dort! Ah ça, monsieur le podesta, mais qu'est-ce que vous avez donc? Vous passez votre vie à faire des questions sur celui-ci, sur celui-là. Vous prenez ombrage de tout. Est-ce jalousie, ou est-ce peur?

ANGELO. — L'une et l'autre.

LA TISBE. — Jalousie, je le comprends. Vous vous croyez obligé de surveiller deux femmes. Mais peur! vous le maître, vous qui faites peur à tout le monde, au contraire!

ANGELO. — Première raison pour trembler. (*Se rapprochant d'elle et parlant bas.*) — Ecoutez, Tisbe. Oui, vous l'avez dit, oui, je puis tout ici; je suis seigneur, despote et souverain de cette ville; je suis le podesta que Venise met sur Padoue, la griffe du tigre sur la brebis. Oui, tout-puissant; mais tout absolu que je suis, au-dessus de moi, voyez-vous, Tisbe, il y a une chose grande et terrible et pleine de ténèbres, il y a Venise. Et savez-vous ce que c'est que Venise, pauvre Tisbe! Venise, je vais vous le dire, c'est l'inquisition d'état, c'est le conseil des Dix. Oh! le conseil des Dix! parlons-en bas, Tisbe; car il est peut-être là quelque part qui nous écoute. Des hommes que pas un de nous ne connaît, et qui nous connaissent tous; des hommes qui ne sont visibles dans aucune cérémonie, et qui sont visibles dans tous les échafauds ; des hommes qui ont dans leurs mains toutes les têtes, la vôtre, la mienne, celle du doge; et qui n'ont ni simarre, ni étole, ni couronne, rien qui les désigne aux yeux, rien qui puisse vous faire dire : Celui-ci en est ! un signe mystérieux sous leurs robes, tout au plus ; des agents partout, des sbires partout, des bourreaux partout ; des hommes qui ne montrent jamais au peuple de Venise d'autres visages que ces mornes bouches de bronze toujours ouvertes sous les porches de Saint-Marc, bouches fatales que la foule croit muettes, et qui parlent cependant d'une façon bien haute et bien terrible, car elles disent à tout passant : Dénoncez! — Une fois dénoncé, on est pris. Une fois pris, tout est dit. A Venise, tout se fait secrètement, mystérieusement, sûrement. Condamné, exécuté, rien à voir, rien à dire; pas un cri possible, pas un regard utile ; le patient a un bâillon, le bourreau un masque. Que vous parlais-je d'échafauds tout à l'heure! je me trompais. A Venise, on ne meurt pas sur l'échafaud, on disparaît. Il manque tout à coup un homme dans une famille. Qu'est-il devenu? Les plombs, les puits, le canal Orfano le savent. Quelquefois on entend quelque chose tomber dans l'eau la nuit. Passez vite alors! Du reste, bals, festins, flambeaux, musique, gondoles, théâtres, carnaval de cinq mois, voilà Venise. Vous, Tisbe, ma belle comédienne, vous ne connaissez que ce côté-là ; moi, sénateur, je connais l'autre. Voyez-vous, dans tout palais, dans celui du doge, dans le mien, à l'insu de celui qui l'habite, il y a un couloir secret, perpétuel traînisseur de toutes les salles, de toutes les chambres, de toutes les alcôves ; un corridor ténébreux dont d'autres que vous connaissent les portes et qu'on sent serpenter autour de soi sans savoir au juste où il est; une sape mystérieuse où vont et viennent sans cesse des hommes inconnus qui font quelque chose. Et les vengeances personnelles qui se mêlent à tout cela et qui cheminent dans cette ombre! Souvent la nuit je me dresse sur mon séant, j'écoute, et j'entends des pas dans mon mur. Voilà sous quelle pression je vis, Tisbe. Je suis sur Padoue, mais ceci est sur moi. J'ai mission de dompter Padoue. Il m'est ordonné d'être terrible. Je ne suis despote qu'à condition d'être tyran. Ne me demandez jamais la grâce de qui que ce soit, à moi qui ne sais rien vous refuser ; vous me perdriez. Tout m'est permis pour punir, rien pour pardonner. Oui, c'est ainsi. Tyran de Padoue, esclave de Venise. Je suis bien surveillé, allez. Oh ! le conseil des Dix ! Mettez un ouvrier seul dans une cave et faites-lui faire une serrure, avant que la serrure soit finie, le conseil des Dix en a la clef dans sa poche. Madame ! madame ! le valet qui me sert m'espionne, l'ami qui me salue m'espionne, le prêtre qui me confesse m'espionne, la femme qui me dit : Je t'aime, — oui, Tisbe, — m'espionne.

LA TISBE. — Ah ! monsieur !

ANGELO. — Vous ne m'avez jamais dit que vous m'aimiez. Je ne parle pas de vous, Tisbe. Oui, je vous le répète, tout ce qui me regarde est un œil du conseil des Dix, tout ce qui m'écoute est une oreille du conseil des Dix, tout ce qui me touche est une main du conseil des Dix, main redoutable, qui tâte longtemps d'abord et qui saisit ensuite brusquement. Oh ! magnifique podesta que je suis, je ne suis pas sûr de ne pas voir demain apparaître subitement dans ma chambre un misérable sbire qui me dira de le suivre. et qui ne sera qu'un misérable sbire, et que je suivrai ! où ? dans quelque lieu profond d'où il ressortira sans moi. Madame, être de Venise, c'est pendre à un fil. C'est une sombre et sévère condition que la mienne, madame, d'être là, penché sur cette fournaise ardente que vous nommez Padoue, le visage toujours couvert d'un masque, faisant ma besogne de tyran, entouré de chances, de précautions, de terreurs, redoutant sans cesse quelque explosion, et tremblant à chaque instant d'être tué froide par mon œuvre, comme l'alchimiste par son poison ! — Plaignez-moi, et ne me demandez pas pourquoi je tremble, madame !

LA TISBE. — Ah Dieu ! affreuse position que la vôtre en effet !

ANGELO. — Oui, je suis l'outil avec lequel un peuple torture un autre peuple. Ces outils-là s'usent vite et cassent souvent, Tisbe. Ah ! je suis malheureux. Il n'y a pour moi qu'une chose douce au monde, c'est vous. Pourtant je sens bien que vous ne m'aimez pas. Vous n'en aimez pas un autre au moins?

LA TISBE. — Non, non, calmez-vous.

ANGELO. — Vous me dites mal ce nom-là.

LA TISBE. — Ma foi, je vous le dis comme je peux.

ANGELO. — Ah ! ne soyez pas à moi, j'y consens ; mais ne soyez pas à un autre, Tisbe ! que je n'apprenne jamais qu'un autre...

LA TISBE. — Si vous croyez que vous êtes beau quand vous me regardez comme cela !

ANGELO. — Ah ! Tisbe, quand m'aimerez-vous ?

LA TISBE. — Quand tout le monde ici vous aimera.

ANGELO. — Hélas ! — C'est égal, restez à Padoue. Je ne veux pas que vous quittiez Padoue, entendez-vous ? Si vous vous en alliez, ma vie s'en irait. — Mon Dieu ! voici qu'on vient à nous. Il y a longtemps déjà qu'on peut nous voir parler ensemble, cela pourrait donner des soupçons à Venise. Je vous laisse. (*S'arrêtant et montrant Homodei.*) Vous me répondez de cet homme ?

LA TISBE. — Comme d'un enfant qui dormirait là.

ANGELO. — C'est votre frère qui vient. Je vous laisse avec lui.

Il sort.

SCÈNE II.

LA TISBE, RODOLFO, vêtu de noir, sévère, une plume noire au chapeau; HOMODEI, toujours endormi.

LA TISBE. — Ah ! c'est Rodolfo ! ah ! c'est Rodolfo ! Viens, je t'aime, toi ! (*Se tournant vers le côté par où Angelo est sorti.*) Non, tyran imbécile, ce n'est pas mon frère, c'est mon amant ! — Viens, Rodolfo ! mon brave soldat, mon noble proscrit, mon généreux homme ! regarde-moi bien en face. Tu es beau, je t'aime !

RODOLFO. — Tisbe...

LA TISBE. — Pourquoi as-tu voulu venir à Padoue? Tu vois bien, nous voilà pris au piège. Nous ne pouvons plus en sortir maintenant. Dans ta position, partout tu es obligé de te faire passer pour mon frère. Ce podesta s'est épris de la pauvre Tisbe ; il nous tient ; il ne veut pas nous lâcher. Et puis je tremble sans cesse qu'il ne découvre qui tu es. Ah ! quel supplice ! Oh ! n'importe, il n'aura rien de moi, ce tyran ! Tu en es bien sûr, n'est-ce pas, Rodolfo ? Je veux pourtant que tu t'inquiètes de cela ; je veux que tu sois jaloux de moi d'abord.

RODOLFO. — Vous êtes une noble et charmante femme.

LA TISBE. — Oh ! c'est que je suis jalouse de toi, moi, vois-tu ? mais jalouse ! Cet Angelo Malipieri, ce Vénitien, qui me parlait de jalousie aussi lui, qui s'imagine être jaloux, cet homme! et qui mêle toutes sortes d'autres choses à cela. Ah ! quand on est jaloux, monseigneur, on ne voit pas Venise, on ne voit pas le conseil des Dix, on ne voit pas les sbires, les espions, le canal Orfano ; on n'a qu'une chose devant les yeux, sa jalousie. Moi, Rodolfo, je ne puis te voir parler à d'autres femmes, leur parler seulement, cela me fait mal. Quel droit ont-elles à des paroles de toi ? Oh ! une rivale ! ne me donne jamais une rivale ! je la tuerais. Tiens, je t'aime ! tu es le seul homme que j'aie jamais aimé. Ma vie a été triste longtemps ; elle rayonne maintenant. Tu es ma lumière. Ton amour, c'est un soleil qui s'est levé sur moi. Les autres hommes m'avaient glacée. Que ne t'ai-je connu il y a dix ans ? il me semble que toutes les parties de mon cœur qui sont mortes de froid vivraient encore. Quelle joie de pouvoir être seuls un instant et parler! Quelle folie d'être venus à Padoue! Nous vivons dans une telle contrainte! Mon Rodolfo! oui, pardieu! c'est mon amant! ah bien oui! mon frère! Tiens, je suis folle de joie quand je te parle à mon aise; tu vois bien que je suis folle! M'aimes-tu?

RODOLFO. — Qui ne vous aimerait pas, Tisbe!

LA TISBE. — Si vous me dites encore vous, je me fâcherai. O mon Dieu! il faut pourtant que j'aille me montrer un peu à mes conviés. Dis-moi, depuis quelque temps je te trouve l'air triste. N'est-ce pas, tu n'es pas triste?

RODOLFO. — Non, Tisbe.

LA TISBE. — Tu n'es pas souffrant?

RODOLFO. — Non.

LA TISBE. — Tu n'es pas jaloux?

RODOLFO. — Non.

LA TISBE. — Si! je veux que tu sois jaloux! ou bien c'est que tu ne m'aimes pas! Allons! pas de tristesse. Ah çà, au fait, moi, je tremble toujours, tu n'es pas inquiet? Personne ici ne sait que tu n'es pas mon frère?

RODOLFO. — Personne, excepté Anafesto.

LA TISBE. — Ton ami. Oh! celui-là est sûr. (*Entre Anafesto Galeofa.*) Le voici précisément. Je vais te confier à lui pour quelques instants. (*Riant.*) Monsieur Anafesto, ayez soin qu'il ne parle à aucune femme.

ANAFESTO, *souriant.* — Soyez tranquille, madame.

La Tisbe sort.

SCÈNE III.

RODOLFO, ANAFESTO GALEOFA, HOMODEI, toujours endormi.

ANAFESTO, *la regardant sortir.* — Oh! charmante! — Rodolfo, tu es heureux! elle t'aime.

RODOLFO. — Anafesto, je ne suis pas heureux; je ne l'aime pas.

ANAFESTO. — Comment! que dis-tu?

RODOLFO, *apercevant Homodei.* — Qu'est-ce que c'est que cet homme qui dort là?

ANAFESTO. — Rien; c'est ce pauvre musicien, tu sais?

RODOLFO. — Ah! oui, cet idiot.

ANAFESTO. — Tu n'aimes pas la Tisbe! est-il possible? que viens-tu me dire?

RODOLFO. — Ah! je t'ai dit cela? Oublie-le.

ANAFESTO. — La Tisbe! adorable femme!

RODOLFO. — Adorable en effet. Je ne l'aime pas.

ANAFESTO. — Comment!

RODOLFO. — Ne m'interroge point.

ANAFESTO. — Moi, ton ami!

LA TISBE, *rentrant et courant à Rodolfo avec un sourire.* — Je reviens seulement pour te dire un mot: Je t'aime! Maintenant je m'en vais.

Elle sort en courant.

ANAFESTO, *la regardant sortir.* — Pauvre Tisbe!

RODOLFO. — Il y a au fond de ma vie un secret qui n'est connu que de moi seul.

ANAFESTO — Quelque jour tu le confieras à ton ami, n'est-ce pas? Tu es bien sombre aujourd'hui, Rodolfo.

RODOLFO. — Oui. Laisse-moi un instant.

Anafesto sort. Rodolfo s'assied sur le banc de pierre près de la porte et laisse tomber sa tête dans ses mains. Quand Anafesto est sorti, Homodei ouvre les yeux, se lève, puis va à pas lents se placer debout derrière Rodolfo, absorbé dans sa rêverie.

SCÈNE IV.

RODOLFO, HOMODEI.

Homodei pose la main sur l'épaule de Rodolfo. Rodolfo se retourne et le regarde avec stupeur.

HOMODEI. — Vous ne vous appelez pas Rodolfo. Vous vous appelez Ezzelino da Romana. Vous êtes d'une ancienne famille qui a régné à Padoue, et qui en est bannie depuis deux cents ans. Vous errez de ville en ville sous un faux nom, vous hasardant quelquefois dans l'Etat de Venise. Il y a sept ans, à Venise même, vous aviez vingt ans alors, vous vîtes un jour dans une église une jeune fille très-belle, dans l'église de Saint-Georges-le-Grand. Vous ne la suivîtes pas; à Venise, suivre une femme, c'est chercher un coup de stylet; mais vous revîntes souvent dans l'église. La jeune fille y revint aussi. Vous fûtes pris d'amour pour elle, elle pour vous. Sans savoir son nom, car vous ne l'avez jamais su, et vous ne le savez pas encore, elle ne s'appelle pour vous que Catarina, vous trouvâtes moyen de lui écrire, elle de vous répondre. Vous obtîntes d'elle des rendez-vous chez une femme nommée la béate Cécilia. Ce fut entre elle et vous un amour éperdu; mais elle resta pure. Cette jeune fille était noble; c'est tout ce que vous saviez d'elle. Une noble vénitienne ne peut épouser qu'un noble vénitien ou un roi; vous n'êtes pas Vénitien et vous n'êtes plus roi. Banni d'ailleurs, vous n'y pouviez aspirer. Un jour elle manqua au rendez-vous; la béate Cicilia vous apprit qu'on l'avait mariée. Du reste, vous ne pûtes pas plus savoir le nom du mari que vous n'aviez su le nom du père. Vous quittâtes Venise. Depuis ce jour, vous vous êtes enfui par toute l'Italie; mais l'amour vous a suivi. Vous avez jeté votre vie au plaisir, aux distractions, aux folies, aux vices. Inutile. Vous avez tâché d'aimer d'autres femmes, vous avez cru même en aimer d'autres, cette comédienne, par exemple, la Tisbe. Inutile encore. L'ancien amour a toujours reparu sous les nouveaux. Il y a trois mois, vous êtes venu à Padoue avec la Tisbe, qui vous fait passer pour son frère. Le podesta, monseigneur Angelo Malipieri, s'est épris d'elle, et vous, voici ce qui vous est arrivé. Un soir, le seizième jour de février, une femme voilée a passé près de vous sur le pont Molino, vous a pris la main et vous a mené dans la rue Sanpiero. Dans cette rue sont les ruines de l'ancien palais Magaruffi, démoli par votre ancêtre Ezzelin III; dans ces ruines il y a une cabane; dans cette cabane vous avez trouvé la femme de Venise que vous aimez et qui vous aime depuis sept ans. A partir de ce jour, vous vous êtes rencontré trois fois par semaine avec elle dans cette cabane. Elle est restée tout à la fois fidèle à son amour et à son honneur, à vous et à son mari. Du reste, cachant toujours son nom. Catarina, rien de plus. Le mois passé, votre bonheur s'est rompu brusquement. Un jour elle n'a point paru à la cabane. Voilà cinq semaines que vous ne l'avez vue. Cela tient à ce que son mari se défie d'elle et la garde enfermée. — Nous sommes au matin, le jour va paraître. — Vous la cherchez partout, vous ne la trouvez pas, vous ne la trouverez jamais. — Voulez-vous la voir ce soir?

RODOLFO, *le regardant fixement.* — Qui êtes-vous?

HOMODEI. — Ah! des questions. Je n'y réponds pas. — Ainsi vous ne voulez pas voir aujourd'hui cette femme?

RODOLFO. — Si! si! la voir! je veux la voir. Au nom du ciel! la revoir un instant et mourir!

HOMODEI. — Vous la verrez.
RODOLFO. — Où?
HOMODEI. — Chez elle.
RODOLFO. — Mais, dites-moi, elle! qui est-elle? son nom?
HOMODEI. — Je vous le dirai chez elle.
RODOLFO. — Ah! vous venez du ciel!
HOMODEI. — Je n'en sais rien. — Ce soir, au lever de la lune, — à minuit, c'est plus simple, — trouvez-vous à l'angle du palais d'Albert de Baon, rue Santo-Urbano. J'y serai. Je vous conduirai. A minuit.
RODOLFO. — Merci! Et vous ne voulez pas me dire qui vous êtes?
HOMODEI. — Qui je suis? Un idiot.

Il sort.

RODOLFO, *resté seul.* — Quel est cet homme? Ah! qu'importe! Minuit! à minuit! Qu'il y a loin d'ici minuit! Oh! Catarina! pour l'heure qu'il me promet, je lui aurais donné ma vie!

Entre la Tisbe.

SCÈNE V.

RODOLFO, LA TISBE.

LA TISBE. — C'est encore moi, Rodolfo. Bonjour! Je n'ai pu être plus longtemps sans te voir. Je ne puis me séparer de toi; je te suis partout; je pense et je vis par toi. Je suis l'ombre de ton corps, tu es l'âme du mien.

RODOLFO. — Prenez garde, Tisbe, ma famille est une famille fatale. Il y a sur nous une prédiction, une destinée qui s'accomplit presque inévitablement de père en fils. Nous tuons qui nous aime.

LA TISBE. — Eh bien! tu me tueras. Après? Pourvu que tu m'aimes.

RODOLFO. — Tisbe..

LA TISBE. — Tu me pleureras ensuite. Je n'en veux pas plus.

RODOLFO. — Tisbe, vous mériteriez l'amour d'un ange.

Il lui baise la main et sort lentement.

LA TISBE, *seule.* — Eh bien! comme il me quitte! Rodolfo! Il s'en va. Qu'est-ce qu'il a donc? (*Regardant vers le banc.*) Ah! Homodei s'est réveillé!

Homodei paraît au fond du théâtre.

SCÈNE VI.

LA TISBE, HOMODEI.

HOMODEI. — Le Rodolfo s'appelle Ezzelino, l'aventurier est un prince, l'idiot est un esprit, l'homme qui dort est un chat qui guette. Œil fermé, oreille ouverte.

LA TISBE. — Que dit-il?

HOMODEI, *montrant sa guitare.* — Cette guitare a des fibres qui rendent le son qu'on veut. Le cœur d'un homme, le cœur d'une femme ont aussi des fibres dont on peut jouer.

LA TISBE. — Qu'est-ce que cela veut dire?

HOMODEI. — Madame, cela veut dire que, si, par hasard, vous perdez aujourd'hui un beau jeune homme qui a une plume noire à son chapeau, je sais l'endroit où vous pourrez le retrouver la nuit prochaine.

LA TISBE. — Chez une femme?

HOMODEI. — Blonde.

LA TISBE. — Quoi! que veux-tu dire? qui es-tu?

HOMODEI. — Je n'en sais rien.

LA TISBE. — Tu n'es pas ce que je croyais. Malheureuse que je suis! Ah! le podesta s'en doutait, tu es un homme redoutable! Qui es-tu? oh! qui es-tu? Rodolfo chez une femme! la nuit prochaine! C'est là ce que tu veux dire! hein! est-ce là ce que tu veux dire?

HOMODEI. — Je n'en sais rien.

LA TISBE. — Ah! tu mens! C'est impossible, Rodolfo m'aime.

HOMODEI. — Je n'en sais rien.

LA TISBE. — Ah! misérable! ah! tu mens! Comme il ment! Tu es un homme payé. Mon Dieu, j'ai donc des ennemis, moi! Mais Rodolfo m'aime. Va, tu ne parviendras pas à m'alarmer. Je ne te crois pas. Tu dois être bien furieux de voir que ce que tu me dis ne me fait aucun effet.

HOMODEI. — Vous avez remarqué sans doute que le podesta, monseigneur Angelo Malipieri, porte à sa chaîne de cou un petit bijou en or artistement travaillé. Ce bijou est une clef. Feignez d'en avoir envie comme d'un bijou. Demandez-la-lui sans lui dire ce que nous en voulons faire.

LA TISBE. — Une clef, dis-tu? Je ne la demanderai pas. Je ne demanderai rien. Cet infâme qui voudrait me faire soupçonner Rodolfo! Je ne veux pas de cette clef? Va-t-en, je ne t'écoute pas.

HOMODEI. — Voici justement le podesta qui vient. Quand vous aurez la clef, je vous expliquerai comment il faudra vous en servir la nuit prochaine. Je reviendrai dans un quart d'heure.

LA TISBE. — Misérable! tu ne m'entends donc pas? je te dis que je ne veux point de cette clef. J'ai confiance en Rodolfo, moi. Cette clef, je ne m'en occupe point. Je n'en dirai pas un mot au podesta. Et ne reviens pas, c'est inutile, je ne te crois pas.

HOMODEI. — Dans un quart d'heure.

Il sort. Entre Angelo.

SCÈNE VII.

LA TISBE, ANGELO.

LA TISBE. — Ah! vous voilà, monseigneur. Vous cherchez quelqu'un?

ANGELO. — Oui, Virgilio Tasca à qui j'avais un mot à dire.

LA TISBE. — Eh bien! êtes-vous toujours jaloux?

ANGELO. — Toujours, madame.

LA TISBE. — Vous êtes fou. A quoi bon être jaloux! je ne comprends pas qu'on soit jaloux. J'aimerais un homme, moi, que je n'en serais certainement pas jalouse.

ANGELO. — C'est que vous n'aimez personne.

LA TISBE. — Si. J'aime quelqu'un.

ANGELO. — Qui?

LA TISBE. — Vous.

ANGELO. — Vous m'aimez? est-il possible? ne vous jouez pas de moi, mon Dieu! Oh! répétez-moi ce que vous m'avez dit là.

LA TISBE. — Je vous aime. (*Il s'approche d'elle avec ravissement. Elle prend la chaîne qu'il porte au cou.*) Tiens! qu'est-ce donc que ce bijou? je ne l'avais pas encore re-

HOMODEI.
Vous ne vous appelez pas Rodolfo. Vous vous appelez Ezzelino da Romana.
(Page 6.)

marqué. C'est joli. Bien travaillé. Oh! mais c'est ciselé par Benvenuto. Charmant! Qu'est-ce que c'est donc? c'est bon pour une femme, ce bijou-là.

ANGELO. — Ah! Tisbe, vous m'avez rempli le cœur de joie avec un mot!

LA TISBE. — C'est bon, c'est bon. Mais dites-moi donc ce que c'est que cela?

ANGELO. — Cela, c'est une clef!

LA TISBE. — Ah! c'est une clef. Tiens, je ne m'en serais jamais doutée. Ah! oui, je vois, c'est avec ceci qu'on ouvre. Ah! c'est une clef.

ANGELO. — Oui, ma Tisbe.

LA TISBE. — Ah bien! puisque c'est une clef, je n'en veux pas, gardez-la.

ANGELO. — Quoi! est-ce que vous en aviez envie, Tisbe?

LA TISBE. Peut-être. Comme d'un bijou bien ciselé.

ANGELO. — Oh! prenez-la.

Il détache la clef du collier.

LA TISBE. — Non. Si j'avais su que ce fût une clef, je ne vous en aurais pas parlé. Je n'en veux pas, vous dis-je. Cela vous sert peut-être.

ANGELO. — Oh! bien rarement. D'ailleurs j'en ai une autre. Vous pouvez la prendre, je vous jure.

LA TISBE. — Non, je n'en ai plus envie. Est-ce qu'on ouvre des portes avec cette clef-là? elle est bien petite.

ANGELO. — Cela ne fait rien ; ces clefs-là sont faites pour des serrures cachées. Celle-ci ouvre plusieurs portes, entre autres celle d'une chambre à coucher.

LA TISBE. — Vraiment! Allons! puisque vous l'exigez absolument, je la prends.

Elle prend la clef.

ANGELO. — Oh! merci. Quel bonheur! vous avez accepté quelque chose de moi! merci!

LA TISBE. — Au fait, je me souviens que l'ambassadeur de France à Venise, monsieur de Montluc, en avait une à peu près pareille. Avez-vous connu monsieur le maréchal de Montluc? Un homme de grand esprit, n'est-ce pas? Ah!

RODOLFO.
Je serais mort de ne plus vous voir. J'aime mieux mourir pour vous avoir revue. (Page 12.)

vous autres nobles, vous ne pouvez parler aux ambassadeurs. Je n'y songeais pas. C'est égal, il n'était pas tendre aux huguenots, ce monsieur de Montluc. Si jamais ils lui tombent dans les mains! c'est un fier catholique! — Tenez, monseigneur, je crois que voilà Virgilio Tasca qui vous cherche là-bas, dans la galerie...

ANGELO. — Vous croyez?

LA TISBE. — N'aviez-vous pas à lui parler?

ANGELO. — Oh! maudit soit-il de m'arracher d'auprès de vous!

LA TISBE, *lui montrant la galerie.* — Par là.

ANGELO, *lui baisant la main.* — Ah! Tisbe, vous m'aimez donc!

LA TISBE. — Par là, par là. Tasca vous attend.

Angelo sort. Homodei paraît au fond du théâtre. La Tisbe court à lui.

SCÈNE VIII.

LA TISBE, HOMODEI.

LA TISBE. — J'ai la clef!

HOMODEI. — Voyons. (*Examinant la clef.*) Oui, c'est bien cela. — Il y a dans le palais du podesta une galerie qui regarde le pont Molino. Cachez-vous-y, ce soir. Derrière un meuble, derrière une tapisserie, où vous voudrez. A deux heures après minuit, je viendrai vous y chercher.

LA TISBE, *lui donnant sa bourse.* — Je te récompenserai mieux! En attendant prends cette bourse.

HOMODEI. — Comme il vous plaira. Mais laissez-moi finir. A deux heures après minuit, je viendrai vous chercher. Je vous indiquerai la première porte que vous aurez à ouvrir avec cette clef. Après quoi je vous quitterai. Vous pourrez faire le reste sans moi; vous n'aurez qu'à aller devant vous.

LA TISBE. — Qu'est-ce que je trouverai après la première porte?
HOMODEI. — Une seconde que cette clef ouvre également.
LA TISBE. — Et après la seconde?
HOMODEI. — Une troisième. Cette clef les ouvre toutes.
LA TISBE. — Et après la troisième?
HOMODEI. — Vous verrez.

DEUXIÈME JOURNÉE

LE CRUCIFIX

Une chambre richement tendue d'écarlate rehaussée d'or. Dans un angle, à gauche, un lit magnifique sur une estrade et sous un dais porté par des colonnes torses. Aux quatre coins du dais pendent des rideaux cramoisis qui peuvent se fermer et cacher entièrement le lit. A droite, dans l'angle, une fenêtre ouverte. Du même côté, une porte masquée dans la tenture; auprès, un prie-Dieu, au-dessus duquel pend, accroché au mur, un crucifix en cuivre poli. Au fond, une grande porte à deux battants. Entre cette porte et le lit une autre porte petite et très-ornée. Table, fauteuils, flambeaux; un grand dressoir. Dehors, jardins, clochers, clair de lune. Une angélique sur la table.

SCÈNE PREMIÈRE.

DAFNE, REGINELLA, puis HOMODEI.

REGINELLA. — Oui, Dafne, c'est certain. C'est Troïlo, l'huissier de nuit, qui me l'a conté. La chose s'est passée tout récemment, au dernier voyage que madame a fait à Venise. Un sbire, un infâme sbire! s'est permis d'aimer madame, de lui écrire, Dafne, de chercher à la voir. Cela se conçoit-il? Madame l'a fait chasser, et a bien fait.

DAFNE, *entr'ouvrant la porte près du prie-Dieu.* — C'est bien, Reginella. Mais madame attend son livre d'heures, tu sais?

REGINELLA, *rangeant quelques livres sur la table.*—Quant à l'autre aventure, elle est plus terrible, et j'en suis sûre aussi. Pour avoir averti son maître qu'il avait rencontré un espion dans la maison, ce pauvre Palinuro est mort subitement dans la même soirée. Le poison, tu comprends. Je te conseille beaucoup de prudence. D'abord, il faut prendre garde à ce qu'on dit dans ce palais; il y a toujours quelqu'un dans le mur qui vous entend.

DAFNE. — Allons, dépêche-toi donc, nous causerons une autre fois. Madame attend.

REGINELLA, *rangeant toujours, et les yeux fixés sur la table.* — Si tu es si pressée, va devant. Je te suis. (*Dafne sort et referme la porte sans que Reginella s'en aperçoive.*) Mais vois-tu, Dafne, je te recommande le silence dans ce maudit palais. Il n'y a que cette chambre où l'on soit en sûreté. Ah! ici, du moins, on est tranquille. On peut dire tout ce qu'on veut, c'est le seul endroit où, quand on parle, on soit sûr de ne pas être écouté.

Pendant qu'elle prononce ces derniers mots, un dressoir adossé au mur à droite tourne sur lui-même, donne passage à Homodei sans qu'elle s'en aperçoive et se referme.

HOMODEI. — C'est le seul endroit où, quand on parle, on soit sûr de ne pas être écouté.

REGINELLA, *se retournant.* — Ciel!

HOMODEI. — Silence! (*Il entr'ouvre sa robe et découvre son pourpoint de velours noir où sont brodées en argent ces trois lettres C. D. X. Reginella regarde les lettres et l'homme avec terreur.*) Lorsqu'on a vu l'un de nous et qu'on laisse deviner à qui que ce soit, par un signe quelconque, qu'on nous a vu, avant la fin du jour on est mort. — On parle de nous dans le peuple, tu dois savoir que cela se passe ainsi.

REGINELLA. — Jésus! Mais par quelle porte est-il entré?

HOMODEI. — Par aucune.

REGINELLA. — Jésus!

HOMODEI. — Réponds à toutes mes questions, et ne me trompe sur rien. Il y va de ta vie. Où donne cette porte?
   Il montre la grande porte du fond.

REGINELLA. — Dans la chambre de nuit de monseigneur.

HOMODEI, *montrant la petite porte près de la grande.* — Et celle-ci?

REGINELLA. — Dans un escalier secret qui communique avec les galeries du palais. Monseigneur seul en a la clef.

HOMODEI, *désignant la porte près du prie-Dieu.* — Et celle-ci?

REGINELLA. — Dans l'oratoire de madame.

HOMODEI. — Y a-t-il une issue à cet oratoire?

REGINELLA. — Non. L'oratoire est dans une tourelle. Il n'y a qu'une fenêtre grillée.

HOMODEI, *allant à la fenêtre.* — Qui est au niveau de celle-ci. C'est bien. Quatre-vingts pieds de mur à pic, et la Brenta au bas. Le grillage est du luxe. — Mais il y a un petit escalier dans cet oratoire. Où monte-t-il?

REGINELLA. — Dans ma chambre qui est aussi celle de Dafne, monseigneur.

HOMODEI. — Y a-t-il une issue à cette chambre?

REGINELLA. — Non, monseigneur. Une fenêtre grillée, et pas d'autre porte que celle qui descend dans l'oratoire.

HOMODEI. — Dès que ta maîtresse sera rentrée, tu monteras dans ta chambre, et tu y resteras sans rien écouter et sans rien dire.

REGINELLA. — J'obéirai, monseigneur.

HOMODEI. — Où est ta maîtresse?

REGINELLA. — Dans l'oratoire, elle fait sa prière.

HOMODEI. — Elle reviendra ici ensuite?

REGINELLA. — Oui, monseigneur.

HOMODEI. — Pas avant une demi-heure?

REGINELLA. — Non, monseigneur.

HOMODEI. — C'est bien. Va-t'en. — Surtout silence! Rien de ce qui va se passer ici ne te regarde. Laisse tout faire sans rien dire. Le chat joue avec la souris, qu'est-ce que cela te fait? Tu ne m'as pas vu, tu ne sais pas que j'existe. Voilà. Tu comprends? Si tu hasardes un mot, je l'entendrai : un clin d'œil, je le verrai; un geste, un signe, un serrement de main, je le sentirai. Va maintenant.

REGINELLA. — Oh! mon Dieu! qui est-ce donc qui va mourir ici?

HOMODEI. — Toi, si tu parles. (*Au signe de Homodei, elle sort par la petite porte près du prie-Dieu. Quand elle est sortie, Homodei s'approche du dressoir, qui tourne*

de nouveau sur lui-même et laisse voir un couloir obscur.)
— Monseigneur Rodolfo, vous pouvez venir à présent. Neuf marches à monter.

On entend des pas dans l'escalier que masque le dressoir. Rodolfo paraît.

SCÈNE II.

HOMODEI, RODOLFO, enveloppé d'un manteau.

HOMODEI. — Entrez.

RODOLFO. — Où suis-je ?

HOMODEI. — Où vous êtes ? — Peut-être sur la planche de votre échafaud.

RODOLFO. — Que voulez-vous dire ?

HOMODEI. — Est-il venu jusqu'à vous qu'il y a dans Padoue une chambre, chambre redoutable, quoique pleine de fleurs, de parfums et d'amour peut-être, où nul homme ne peut pénétrer quel qu'il soit, noble ou sujet, jeune ou vieux, car y entrer, en entr'ouvrir la porte seulement, c'est un crime puni de mort.

RODOLFO. — Oui, la chambre de la femme du podesta.

HOMODEI. — Justement.

RODOLFO. — Eh bien ! cette chambre ?...

HOMODEI. — Vous y êtes.

RODOLFO. — Chez la femme du podesta ?

HOMODEI. — Oui.

RODOLFO. — Celle que j'aime ?

HOMODEI. — S'appelle Catarina Bragadini, femme d'Angelo Malipieri, podesta de Padoue.

RODOLFO. — Est-il possible ? Catarina Bragadini ! la femme du podesta ?

HOMODEI. — Si vous avez peur, il est temps encore, voici la porte ouverte, allez-vous-en.

RODOLFO. — Peur pour moi, non ; mais pour elle. Qui est-ce qui me répond de vous ?

HOMODEI. — Ce qui vous répond de moi, je vais vous le dire, puisque vous le voulez. Il y a huit jours, à une heure avancée de la nuit, vous passiez sur la place de San-Prodocimo. Vous étiez seul. Vous avez entendu un bruit d'épées et des cris derrière l'église. Vous y avez couru.

RODOLFO. — Oui, et j'ai débarrassé de trois assassins qui allaient tuer un homme masqué...

HOMODEI. — Lequel s'en est allé sans vous dire son nom et sans vous remercier. Cet homme masqué, c'était moi. Depuis cette nuit-là, monseigneur Ezzelino, je vous veux du bien. Vous ne me connaissez pas, mais je vous connais. J'ai cherché à vous rapprocher de la femme que vous aimez. C'est de la reconnaissance. Rien de plus. Vous fiez-vous à moi maintenant ?

RODOLFO. — Oh ! oui ! oh ! merci ! je craignais quelque trahison pour elle. J'avais un poids sur le cœur, tu me l'ôtes. Ah ! tu es mon ami, mon ami à jamais ! tu fais plus pour moi que je ne l'ai fait pour toi. Oh ! je n'aurais pas vécu plus longtemps sans voir Catarina. Je me serais tué, vois-tu ; je me serais damné. Je n'ai sauvé que ta vie ; toi, tu sauves mon cœur, tu sauves mon âme !

HOMODEI. — Ainsi vous restez ?

RODOLFO. — Si je reste ! si je reste ! je me fie à toi, te dis-je ! Oh ! la revoir ! elle ! une heure, une minute, la revoir ! Tu ne comprends donc pas ce que c'est que cela, la revoir ? — Où est-elle ?

HOMODEI. — Là, dans son oratoire.

RODOLFO. — Où la reverrai-je ?

HOMODEI. — Ici.

RODOLFO. — Quand ?

HOMODEI. — Dans un quart d'heure.

RODOLFO. — Oh mon Dieu !

HOMODEI, *lui montrant toutes les portes l'une après l'autre.* — Faites attention. Là, au fond, est la chambre de nuit du podesta. Il dort en ce moment, et rien ne veille à cette heure dans le palais, hors madame Catarina et nous. Je pense que vous ne risquez rien cette nuit. Quant à l'entrée qui nous a servi, je ne puis vous en communiquer le secret, qui n'est connu que de moi seul ; mais au matin il vous sera aisé de vous échapper. (*Allant au fond.*) Cela donc est la porte du mari. Quant à vous, seigneur Rodolfo, qui êtes l'amant, (*Il montre la fenêtre*) je ne vous conseille pas d'user de celle-ci en aucun cas. Quatre-vingts pieds à pic, et la rivière au fond. A présent je vous laisse.

RODOLFO. — Vous m'avez dit dans un quart d'heure ?

HOMODEI. — Oui.

RODOLFO. — Viendra-t-elle seule ?

HOMODEI. — Peut-être que non. Mettez-vous à l'écart quelques instants.

RODOLFO. — Où ?

HOMODEI. — Derrière le lit ; ah ! tenez, sur le balcon. Vous vous montrerez quand vous le jugerez à propos. Je crois qu'on remue les chaises dans l'oratoire. Madame Catarina va rentrer. Il est temps de nous séparer. Adieu.

RODOLFO, *près du balcon.* — Qui que vous soyez, après un tel service, vous pourrez désormais disposer de tout ce qui est à moi, de mon bien, de ma vie !

Il se place sur le balcon, où il disparaît.

HOMODEI, *revenant sur le devant du théâtre. (A part.)* — Elle n'est plus à vous, monseigneur.

Il regarde si Rodolfo ne le voit plus, puis tire de sa poitrine une lettre qu'il dépose sur la table. Il sort par l'entrée secrète, qui se referme sur lui. — *Entrent, par la porte de l'oratoire, Catarina et Dafne, Catarina en costume de femme noble vénitienne.*

SCÈNE III.

CATARINA, DAFNE, RODOLFO, caché sur le balcon.

CATARINA. — Plus d'un mois ! Sais-tu qu'il y a plus d'un mois, Dafne ? Oh ! c'est donc fini. Encore si je pouvais dormir, je le verrais peut-être en rêve, mais je ne dors plus. Où est Reginella ?

DAFNE. — Elle vient de monter dans sa chambre, où elle s'est mise en prière. Vais-je l'appeler pour qu'elle vienne servir madame ?

CATARINA. — Laisse-la servir Dieu. Laisse-la prier. Hélas ! moi, cela ne me fait rien de prier.

DAFNE. — Fermerai-je cette fenêtre, madame ?

CATARINA. — Cela tient à ce que je souffre trop, vois-tu, ma pauvre Dafne. Il y a pourtant cinq semaines, cinq semaines éternelles que je ne l'ai vu ! — Non, ne ferme pas la fenêtre. Cela me rafraîchit un peu. J'ai la tête brûlante. Touche. — Et je ne le verrai plus ! Je suis enfermée, gardée, en prison. C'est fini. Pénétrer dans cette chambre, c'est un crime de mort. Oh ! je ne voudrais pas même le voir. Le voir ici ! Je tremble rien que d'y songer. Hélas, mon Dieu ! cet amour était donc bien coupable, mon Dieu ! Pourquoi est-il revenu à Padoue ? Pourquoi me suis-je laissé reprendre à ce bonheur qui devait durer si peu ? Je le voyais une heure de temps en temps. Cette heure, si étroite et si vite fermée, c'était le seul soupirail par où il entrait un peu d'air et de soleil dans ma vie. Maintenant tout est muré. Je ne verrai plus ce visage d'où le jour me venait. Oh ! Rodolfo ! Dafne, dis-moi la vérité, n'est-ce pas que tu crois bien que je ne le verrai plus ?

DAFNE. — Madame...

CATARINA. — Et puis, moi, je ne suis pas comme les autres femmes. Les plaisirs, les fêtes, les distractions, tout cela ne me ferait rien. Moi, Dafne, depuis sept ans, je n'ai dans le cœur qu'une pensée, l'amour, qu'un sentiment, l'amour, qu'un nom, Rodolfo. Quand je regarde en moi-même, j'y trouve Rodolfo, toujours Rodolfo, rien que Rodolfo. Mon âme est faite à son image. Vois-tu, c'est impossible autrement. Voilà sept ans que je l'aime. J'étais toute jeune. Comme on vous marie sans pitié ! Par exemple, mon mari, eh bien ! je nose seulement pas lui parler. Crois-tu que cela fasse une vie bien heureuse ? Quelle position que la mienne ! Encore si j'avais ma mère !

DAFNE. — Chassez donc toutes ces idées tristes, madame.

CATARINA. — Oh ! par des soirées pareilles, Dafne, nous avons passé, lui et moi, de bien douces heures. Est-ce que c'est coupable tout ce que je te dis là de lui ? Non, n'est-ce pas ? Allons, mon chagrin t'afflige, je ne veux pas te faire de peine. Va dormir. Va retrouver Reginella.

DAFNE. — Est-ce que madame ?...

CATARINA. — Oui, je me déferai seule. Dors bien, ma bonne Dafne. Va.

DAFNE. — Que le ciel vous garde cette nuit, madame !

Elle sort par la porte de l'oratoire.

SCÈNE IV.

CATARINA, RODOLFO, d'abord sur le balcon.

CATARINA, *seule*. — Il y avait une chanson qu'il chantait. Il la chantait à mes pieds avec une voix si douce ! Oh ! il y a des moments où je voudrais le voir. Je donnerais mon sang pour cela ! Ce couplet surtout qu'il m'adressait. (*Elle prend la guitare.*) Voici l'air, je crois. (*Elle joue quelques mesures d'une musique mélancolique.*) Je voudrais me rappeler les paroles. Oh ! je vendrais mon âme pour les lui entendre chanter, à lui, encore une fois ! sans le voir, de là-bas, d'aussi loin qu'on voudrait. Mais sa voix ! entendre sa voix !

RODOLFO, *du balcon où il est caché.*

Il chante.

Mon âme à ton cœur s'est donnée,
Je n'existe qu'à ton côté ;
Car une même destinée
Nous joint d'un lien enchanté ;
Toi l'harmonie et moi la lyre,
Moi l'arbuste et toi le zéphyre,
Moi la lèvre et toi le sourire,
Moi l'amour et toi la beauté !

CATARINA, *laissant tomber la guitare.* — Ciel !

RODOLFO, *continuant. Toujours caché.*

Tandis que l'heure
S'en va fuyant,
Mon chant qui pleure
Dans l'ombre effleure
Ton front riant !

CATARINA. — Rodolfo !

RODOLFO, *paraissant et jetant son manteau sur le balcon derrière lui.* — Catarina !

Il vient tomber à ses pieds.

CATARINA. — Vous êtes ici ? comment ! vous êtes ici ? Oh Dieu ! je meurs de joie et d'épouvante. Rodolfo ! savez-vous ou vous êtes ? Est-ce que vous vous figurez que vous êtes ici dans une chambre comme une autre, malheureux ? Vous risquez votre tête.

RODOLFO. — Que m'importe ! Je serais mort de ne plus vous voir, j'aime mieux mourir pour vous avoir revue.

CATARINA. — Tu as bien fait. Eh bien oui, tu as eu raison de venir. Ma tête aussi est risquée. Je te revois, qu'importe le reste ! Une heure avec toi, et ensuite que ce plafond croule, s'il veut !

RODOLFO. — D'ailleurs le ciel nous protégera ; tout dort dans le palais, il n'y a pas de raison pour que je ne sorte pas comme je suis entré.

CATARINA. — Comment as-tu fait ?

RODOLFO. — C'est un homme auquel j'ai sauvé la vie... Je vous expliquerai cela. Je suis sûr des moyens que j'ai employés.

CATARINA. — N'est-ce pas ? oh ! si tu es sûr, cela suffit. O Dieu ! mais regarde-moi donc que je te voie !

RODOLFO. — Catarina !

CATARINA. — Oh ! ne pensons plus qu'à nous, toi à moi, moi à toi. Tu me trouves bien changée n'est-ce pas ? Je vais t'en dire la raison, c'est que depuis cinq semaines je n'ai fait que pleurer. Et toi, qu'as-tu fait tout ce temps-là ? As-tu été bien triste au moins ? Quel effet cela t'a-t-il fait, cette séparation ? Dis-moi cela. Parle-moi. Je veux que tu me parles.

RODOLFO. — O Catarina, être séparé de toi, c'est avoir les ténèbres sur les yeux, le vide au cœur ! C'est sentir qu'on meurt un peu chaque jour ! C'est être sans lampe dans un cachot, sans étoile dans la nuit ! C'est ne plus vivre, ne plus penser, ne plus savoir rien ! Ce que j'ai fait, dis-tu ? je l'ignore. Ce que j'ai senti, le voilà.

CATARINA. — Eh bien ! moi aussi ! eh bien ! moi aussi ! Eh bien ! moi aussi ! Oh ! je vois que nos cœurs n'ont pas été séparés. Il faut que je te dise bien des choses. Par où commencer ? On m'a enfermée. Je ne puis plus sortir. J'ai bien souffert. Vois-tu, il ne faut pas t'étonner si je n'ai pas tout de suite sauté à ton cou, c'est que j'ai été saisie. O Dieu ! quand j'ai entendu ta voix, je ne puis pas te dire, je ne sa vais plus où j'étais. Voyons, assieds-toi là, tu sais, comme autrefois. Parlons bas seulement. Tu resteras jusqu'au matin. Dafne te fera sortir. Oh ! quelles heures délicieuses ! Eh bien ! maintenant, je n'ai plus peur du tout, tu m'as pleinement rassurée. Oh ! je suis joyeuse de te voir. Toi ou le paradis, je choisirais toi. Tu demanderas à Dafne comme j'ai pleuré ! elle a bien eu soin de moi, la pauvre fille. Tu la remercieras. Et Reginella aussi. Mais dis-moi, tu as donc découvert mon nom ? Oh ! tu n'es embarrassé de rien, toi. Je ne sais pas ce que tu ne ferais pas quand tu veux une chose. Oh dis ! auras-tu moyen de revenir ?

RODOLFO. — Oui. Et comment vivrais-je sans cela ? Catarina, je t'écoute avec ravissement. Oh ! ne crains rien. Vois comme cette nuit est calme. Tout est amour en nous, tout est repos autour de nous. Deux âmes comme les nôtres qui s'épanchent l'une dans l'autre, Catarina, c'est quelque chose de limpide et de sacré que Dieu ne voudrait pas troubler ! Je t'aime, tu m'aimes, et Dieu nous voit. Il n'y a que nous trois d'éveillés à cette heure ! Ne crains rien.

CATARINA. — Non. Et puis il y a des moments où l'on oublie tout. On est heureux, on est ébloui l'un de l'autre. Vois, Rodolfo : séparés, je ne suis qu'une pauvre femme prisonnière, tu n'es qu'un pauvre homme banni ; ensemble, nous ferions envie aux anges ! Oh ! non, ils ne sont pas tant au ciel que nous. Rodolfo, on ne meurt pas de joie, car je serais morte. Tout est mêlé dans ma tête. Je t'ai fait mille questions tout à l'heure, je ne puis me rappeler un mot de ce que je t'ai dit. T'en souviens-tu, toi, seulement ? Quoi ! ce n'est pas un rêve ? Vraiment, tu es là, toi ?

RODOLFO. — Pauvre amie !

CATARINA. — Non, tiens, ne me parle pas, laisse-moi rassembler mes idées, laisse-moi te regarder, mon âme ! laisse-moi penser que tu es là. Tout à l'heure je te répondrai. On a des moments comme cela, tu sais, où l'on veut regarder l'homme qu'on aime et lui dire : Tais-toi, je te regarde ! Tais-toi, je t'aime ! Tais-toi, je suis heureuse ! (*Il lui baise la main. Elle se retourne et aperçoit la lettre qui est sur la table.*) Qu'est-ce que c'est que cela ? O mon Dieu ! Voici un papier qui me réveille, une lettre ! Est-ce toi qui as mis cette lettre là ?

RODOLFO. — Non. Mais c'est sans doute l'homme qui est venu avec moi.

CATARINA. — Il est venu un homme avec toi ! Qui ? Voyons ! Qu'est-ce que c'est que cette lettre ? (*Elle décachète avidement la lettre et lit.*) « Il y a des gens qui ne s'enivrent que de vin de Chypre. Il y en a d'autres qui ne jouissent que de la vengeance raffinée. Madame, un sbire qui aime est bien petit, un sbire qui se venge est bien grand. »

RODOLFO. — Grand Dieu ! qu'est-ce que cela veut dire ?

CATARINA. — Je connais l'écriture. C'est un infâme qui a osé m'aimer, et me le dire, et venir un jour chez moi, à Venise, et que j'ai fait chasser. Cet homme s'appelle Homodeï.

RODOLFO. — En effet.

CATARINA. — C'est un espion du conseil des Dix.

RODOLFO. — Ciel !

CATARINA. — Nous sommes perdus ! Il y a un piège, et nous sommes pris. (*Elle va au balcon et regarde.*) Ah Dieu !

RODOLFO. — Quoi ?

CATARINA. — Éteint ce flambeau, vite !

RODOLFO, *éteignant le flambeau*. — Qu'as-tu ?

CATARINA. — La galerie qui donne sur le pont Molino...

RODOLFO. — Eh bien ?

CATARINA. — Je viens d'y voir paraître et disparaître une lumière.

RODOLFO. — Misérable insensé que je suis ! Catarina ! la cause de ta perte, c'est moi !

CATARINA. — Rodolfo, je serais venue à toi comme tu es venu à moi. (*Prêtant l'oreille à la petite porte du fond.*) Silence ! — Écoutons. — Je crois entendre du bruit dans le corridor. Oui ! on ouvre une porte ! on marche ! — Par où es-tu entré ?

RODOLFO. — Par une porte masquée, là, que ce démon a refermée.

CATARINA. — Que faire ?

RODOLFO. — Cette porte ?

CATARINA. — Donne chez mon mari !

RODOLFO. — La fenêtre ?

CATARINA. — Un abîme !

RODOLFO. — Cette porte-ci ?

CATARINA. — C'est mon oratoire, où il n'y a pas d'issue. Aucun moyen de fuir. C'est égal, entres-y. (*Elle ouvre l'oratoire, Rodolfo s'y précipite. Elle referme la porte. Restée seule.*) Fermons-la à double tour. (*Elle prend la clef qu'elle cache dans sa poitrine.*) Qui sait ce qui va arriver ? Il voudrait peut-être me porter secours. Il sortirait, il se perdrait. (*Elle va à la petite porte du fond.*) Je n'entends plus rien. Si ! on marche. On s'arrête. Pour écouter sans doute. Ah ! mon Dieu ! feignons toujours de dormir. (*Elle quitte sa robe de surtout et se jette sur le lit.*) Ah ! mon Dieu ! je tremble. On met une clef dans la serrure ! Oh ! je ne veux pas voir ce qui va entrer !

Elle ferme les rideaux du lit. La porte s'ouvre.

SCÈNE V.

CATARINA, LA TISBE.

Entre la Tisbe, pâle, une lampe à la main. Elle avance à pas lents, regardant autour d'elle. Arrivée à la table, elle examine le flambeau qu'on vient d'éteindre.

LA TISBE. — Le flambeau fume encore. (*Elle se tourne, aperçoit le lit, y court et tire le rideau.*) Elle est seule ! elle fait semblant de dormir. (*Elle se met à faire le tour de la chambre, examinant les portes et le mur.*) Ceci est la porte du mari. (*Heurtant du revers de la main sur la porte de l'oratoire qui est masquée dans la tenture.*) Il y a ici une porte.

Catarina s'est dressée sur son séant et la regarde faire avec stupeur.

CATARINA. — Qu'est-ce que c'est que ceci ?

LA TISBE. — Ceci ? ce que c'est ? Tenez, je vais vous le dire. C'est la maîtresse du podesta qui tient dans ses mains la femme du podesta !

CATARINA. — Ciel !

LA TISBE. — Ce que c'est que ceci, madame ? C'est une comédienne, une fille de théâtre, une baladine, comme vous nous appelez, qui tient dans ses mains, je viens de vous le dire, une grande dame, une femme mariée, une femme respectée, une vertu ! qui la tient dans ses mains, dans ses ongles, dans ses dents ! qui peut en faire ce qu'elle voudra de cette grande dame, de cette bonne renommée dorée, et qui va la déchirer, la mettre en pièces, la mettre en lambeaux, la mettre en morceaux ! Ah ! mesdames les grandes dames, je ne sais pas ce qui va arriver ; mais ce qui est sûr, c'est que j'en ai une là sous mes pieds, une de vous autres ! et que je ne la lâcherai pas ! et qu'elle peut être tranquille ! et qu'il aurait mieux valu pour elle la foudre sur sa tête que mon visage devant le sien ! Dites donc, madame, je vous trouve hardie d'oser lever les yeux sur moi quand vous avez un amant chez vous !

CATARINA. — Madame...

LA TISBE. — Caché !

CATARINA. — Vous vous trompez !...

LA TISBE. — Ah ! tenez, ne niez pas. Il était là ! Vos places sont encore marquées par vos fauteuils. Vous auriez dû les déranger au moins. Et que vous disiez-vous ? Mille choses tendres, n'est-ce pas ? mille choses charmantes, n'est-ce pas ? Je t'aime ! je t'adore ! je suis à toi !... — Ah ! ne me touchez pas, madame !

CATARINA. — Je ne puis comprendre...

LA TISBE. — Et vous ne valez pas mieux que nous, mesdames ! Ce que nous disons tout haut à un homme en plein jour, vous le lui balbutiez honteusement la nuit. Il n'y a que les heures de changées ! Nous vous prenons vos maris, vous nous prenez nos amants. C'est une lutte. Fort bien, luttons ! Ah ! fard, hypocrisie, trahison, vertus singées, fausses femmes que vous êtes ! Non, pardieu ! vous ne valez pas ! Nous ne trompons personne, nous ! Vous, vous trompez le monde, vous trompez vos familles, vous trompez vos maris, vous tromperiez le bon Dieu, si vous pouviez ! Oh ! les vertueuses femmes qui passent voilées dans les rues ! Elles vont à l'église ! rangez-vous donc ! inclinez-vous donc ! prosternez-vous donc ! Non, ne vous rangez pas, ne vous inclinez pas, ne vous prosternez pas ; allez droit à elles ; arrachez le voile, derrière le voile il y a un masque; arrachez le masque, derrière le masque il y a une bouche qui ment! — Oh! cela m'est égal, je suis la maîtresse du podesta, et vous êtes sa femme, et je veux vous perdre!

CATARINA. — Grand Dieu! Madame...

LA TISBE. — Où est-il?

CATARINA. — Qui?

LA TISBE. — Lui.

CATARINA. — Je suis seule ici, vraiment seule. Toute seule. Je ne comprends rien à ce que vous me demandez. Je ne vous connais pas, mais vos paroles me glacent d'épouvante, madame. Je ne sais pas ce que j'ai fait contre vous. Je ne puis croire que vous ayez un intérêt dans tout ceci...

LA TISBE. — Si j'ai un intérêt dans ceci! Je le crois bien que j'en ai un! Vous en doutez, vous! ces femmes vertueuses sont incroyables! Est-ce que je vous parlerais comme je viens de vous parler si je n'avais pas la rage au cœur? Qu'est-ce que cela me fait, à moi, tout ce que vous m'a dit? Qu'est-ce que cela me fait que vous soyez une grande dame et que je sois une comédienne! Cela m'est bien égal, je suis aussi belle que vous! J'ai la haine dans le cœur, te dis-je, et je t'insulte comme je peux! Où est cet homme? Le nom de cet homme? Je veux voir cet homme! Oh! quand je pense qu'elle faisait semblant de dormir! Véritablement, c'est infâme!

CATARINA. — Dieu! mon Dieu! qu'est-ce que je vais devenir? Au nom du ciel, madame! si vous saviez...

LA TISBE. — Je sais qu'il y a là une porte! Je suis sûre qu'il est là.

CATARINA. — C'est mon oratoire, madame. Rien autre chose. Il n'y a personne, je vous le jure. Si vous saviez! on vous a trompée sur mon compte. Je vis retirée, isolée, cachée à tous les yeux...

LA TISBE. — Le voilà!

CATARINA. — C'est mon oratoire, je vous assure. Il n'y a là que mon prie-Dieu et mon livre d'heures...

LA TISBE. — Le masque!

CATARINA. — Madame...

LA TISBE. — C'est bien cela. Mais êtes-vous folle de me parler ainsi et d'avoir l'air d'une coupable qui a peur! Vous ne niez pas avec assez d'assurance. Allons, redressez-vous, madame, mettez-vous en colère, si vous l'osez, et faites donc la femme innocente! (*Elle aperçoit tout à coup le manteau qui est resté à terre près du balcon, elle y court et le ramasse.*) Ah! tenez, cela n'est plus possible. Voici le manteau.

CATARINA. — Ciel!

LA TISBE. — Non, ce n'est pas un manteau, n'est-ce pas? Ce n'est pas un manteau d'homme? Malheureusement, on ne peut reconnaître à qui il appartient, tous ces manteaux-là se ressemblent. Allons, prenez garde à vous, dites-moi le nom de cet homme!

CATARINA. — Je ne sais ce que vous voulez dire.

LA TISBE. — C'est votre oratoire, cela? Eh bien! ouvrez-le-moi.

CATARINA. — Pourquoi?

LA TISBE. — Je veux prier Dieu aussi, moi. Ouvrez.

CATARINA. — J'en ai perdu la clef.

LA TISBE. — Ouvrez donc!

CATARINA. — Je ne sais qui a la clef.

LA TISBE. — Ah! c'est votre mari qui l'a. — Monseigneur Angelo! Angelo! l'Angelo!

Elle veut courir à la porte du fond, Catarina se jette devant et la retient.

CATARINA. — Non! vous n'irez pas à cette porte. Non, vous n'irez pas! Je ne vous ai rien fait. Je ne vois pas du tout ce que vous avez contre moi. Vous ne me perdrez pas, madame. Vous aurez pitié de moi. Arrêtez un instant. Vous allez voir. Je vais vous expliquer. Un instant, seulement. Depuis que vous êtes là, je suis tout étourdie, tout effrayée; et puis vos paroles, tout ce que vous m'avez dit, je suis vraiment troublée, je n'ai pas tout compris; vous m'avez dit que vous étiez une comédienne, que j'étais une grande dame, je ne sais plus, je vous jure qu'il n'y a personne là. Vous ne m'avez pas parlé de ce sbire, je suis sûre cependant que c'est lui qui est cause de tout, c'est un homme affreux qui vous trompe. Un espion! On ne croit pas un espion! Oh! écoutez-moi un instant. Entre femmes on ne se refuse pas un instant.. Un homme que je prierais ne serait pas si bon. Mais vous, ayez pitié. Vous êtes trop belle pour être méchante. Je vous disais donc que c'est misérable homme, cet espion, ce sbire; il suffit de s'entendre, vous auriez regret ensuite d'avoir causé ma mort. N'éveillez pas mon mari. Il me ferait mourir. Si vous saviez ma position, vous me plaindriez. Je ne suis pas coupable, pas très-coupable, vraiment. J'ai peut-être fait quelque imprudence, mais c'est que je n'ai plus ma mère. Je vous avoue que je n'ai plus ma mère! Oh! ayez pitié de moi, n'allez pas à cette porte, je vous en prie, je vous en prie, je vous en prie!

LA TISBE. — C'est fini! Non! je n'écoute plus rien! Mon seigneur! monseigneur!

CATARINA. — Arrêtez! Ah! Dieu! Ah! arrêtez! Vous ne savez donc pas qu'il va me tuer! laissez-moi au moins un instant, encore un petit instant, pour prier Dieu! Non, je ne sortirai pas d'ici. Voyez-vous je vais me mettre à genoux là... (*Lui montrant le crucifix de cuivre au-dessus du prie-Dieu.*) devant ce crucifix. (*L'œil de la Tisbe s'attache au crucifix.*) Oh! tenez, par grâce, priez à côté de moi. Voulez-vous, dites? Et puis après, si vous voulez toujours ma mort, si le bon Dieu vous laisse cette pensée-là, vous ferez ce que vous voudrez.

LA TISBE, *se précipitant sur le crucifix et l'arrachant du mur.* — Qu'est-ce que c'est que ce crucifix? D'où vous vient-il? D'où le tenez-vous? Qui vous l'a donné?

CATARINA. — Quoi? ce crucifix? Oh! je suis anéantie. Oh! cela ne vous sert à rien de me faire des questions sur ce crucifix.

LA TISBE. — Comment est-il en vos mains? dites vite!

Le flambeau est resté sur une crédence près du balcon. Elle s'en approche et examine le crucifix. Catarina la suit.

CATARINA. — Eh bien! c'est une femme. Vous regardez le nom qui est au bas, c'est un nom que je ne connais pas, Tisbe, je crois. C'est une pauvre femme qu'on voulait faire mourir. J'ai demandé sa grâce, moi. Comme c'était mon père, il me l'a accordée. A Brescia. J'étais tout enfant. Oh! ne me perdez pas, ayez pitié de moi, madame. Alors la femme m'a donné ce crucifix, en me disant qu'il me porterait bonheur. Voilà tout. Je vous jure que voilà bien tout. Mais qu'est-ce que cela vous fait? A quoi bon me faire dire des choses inutiles. Oh! je suis épuisée!

LA TISBE, *à part.* — Ciel! O ma mère!

La porte du fond s'ouvre. Angelo paraît vêtu d'une robe de nuit.

CATARINA, *revenant sur le devant du théâtre.* — Mon mari! Je suis perdue!

SCÈNE VI.

CATARINA, LA TISBE, ANGELO.

ANGELO, *sans voir la Tisbe, qui est restée près du balcon.* — Qu'est-ce que cela signifie, madame ? Il me semble que je viens d'entendre du bruit chez vous.

CATARINA. — Monsieur...

ANGELO. — Comment se fait-il que vous ne soyez pas couchée à cette heure ?

CATARINA. — C'est que...

ANGELO. — Mon Dieu, vous êtes toute tremblante. Il y a quelqu'un chez vous, madame !

LA TISBE, *s'avançant du fond du théâtre.* — Oui, monseigneur. Moi.

ANGELO. — Vous, Tisbe !

LA TISBE. — Oui, moi.

ANGELO. — Vous ici ! au milieu de la nuit ! Comment se fait-il que vous soyez ici, que vous y soyez à cette heure, et que madame...

LA TISBE. — Soit toute tremblante ! Je vais vous dire cela, monseigneur. Écoutez-moi. La chose en vaut la peine.

CATARINA, *à part.* — Allons ! c'est fini.

LA TISBE. — Voici, en deux mots. Vous deviez être assassiné demain matin.

ANGELO. — Moi ?

LA TISBE. — En vous rendant de votre palais au mien. Vous savez que le matin vous sortez ordinairement seul. J'en ai reçu l'avis cette nuit même, et je suis venue en toute hâte avertir madame qu'elle eût à vous empêcher de sortir demain. Voilà pourquoi je suis ici, pourquoi j'y suis au milieu de la nuit, et pourquoi madame est toute tremblante.

CATARINA, *à part.* — Grand Dieu ! qu'est-ce que c'est que cette femme ?

ANGELO. — Est-il possible ? Eh bien ! cela ne m'étonne pas ! Vous voyez que j'avais bien raison quand je vous parlais des dangers qui m'entourent. Qui vous a donné cet avis ?

LA TISBE. — Un homme inconnu, qui a commencé par me faire promettre que je le laisserais évader. J'ai tenu ma promesse.

ANGELO. — Vous avez eu tort. On promet, mais on fait arrêter. Comment avez-vous pu entrer au palais ?

LA TISBE. — L'homme m'a fait entrer. Il a trouvé moyen d'ouvrir une petite porte qui est sous le pont Molino.

ANGELO. — Voyez-vous cela ! Et pour pénétrer jusqu'ici ?

LA TISBE. — Eh bien ! et cette clef que vous m'avez donnée vous-même !

ANGELO. — Il me semble que je ne vous avais pas dit qu'elle ouvrît cette chambre.

LA TISBE. — Si vraiment. C'est que vous ne vous en souvenez pas.

ANGELO, *apercevant le manteau.* — Qu'est-ce que c'est que ce manteau ?

LA TISBE. — C'est un manteau que l'homme m'a prêté pour entrer dans le palais. J'avais aussi le chapeau, je ne sais plus ce que j'en ai fait.

ANGELO. — Penser que de pareils hommes entrent comme ils veulent chez moi ! Quelle vie que la mienne ! J'ai toujours un pan de ma robe pris dans quelque piége. Et dites-moi, Tisbe ?...

LA TISBE. — Ah ! remettez à demain les autres questions, monseigneur, je vous prie. Pour cette nuit, on vous sauve la vie, vous devez être content. Vous ne nous remerciez seulement pas, madame et moi.

ANGELO. — Pardon, Tisbe.

LA TISBE. — Ma litière est en bas qui m'attend. Me donnerez-vous la main jusque-là ? Laissons dormir madame à présent.

ANGELO. — Je suis à vos ordres, dona Tisbe. Passons par mon appartement, s'il vous plaît, que je prenne mon épée. (*Allant à la grande porte du fond.*) Holà ! des flambeaux !

LA TISBE. — (*Elle prend Catarina à part sur le devant du théâtre.*) Faites-le évader tout de suite ! par où je suis venue. Voici la clef. (*Se tournant vers l'oratoire.*) Oh ! cette porte ! Oh ! que je souffre ! Ne pas même savoir réellement si c'est lui !

ANGELO, *qui revient.* — Je vous attends, madame.

LA TISBE, *à part.* — Oh ! si je pouvais seulement le voir passer ! Aucun moyen ! il faut s'en aller ! Oh !... (*A Angelo.*) Allons ! venez, monseigneur !

CATARINA, *les regardant sortir.* — C'est donc un rêve !

TROISIÈME JOURNÉE

LE BLANC POUR LE NOIR

PREMIÈRE PARTIE

La chambre de Catarina. Les rideaux de l'estrade qui environne le lit sont fermés.

SCÈNE PREMIÈRE.

ANGELO, deux Prêtres.

ANGELO, *au premier des deux prêtres.* — Monsieur le doyen de Saint-Antoine de Padoue, faites tendre de noir sur-le-champ la nef, le chœur et le maître-autel de votre église. Dans deux heures, dans deux heures, — vous y ferez un service solennel pour le repos de l'âme de quelqu'un d'illustre qui mourra en ce moment-là même. Vous assisterez à ce service avec tout le chapitre. Vous ferez découvrir la châsse du saint. Vous allumerez trois cents flambeaux de cire blanche comme pour les reines. Vous aurez six cents pauvres qui recevront chacun un ducaton d'argent et un sequin d'or. Vous ne mettrez sur la tenture noire d'autre ornement que les armes de Malipieri et les armes de Bragadini. L'écusson de Malipieri est d'or, à la serre d'aigle ; l'écusson de Bragadini est coupé d'azur et d'argent, à la croix rouge.

LE DOYEN. — Magnifique podesta...

ANGELO.
Catarina Bragadini! c'est une bouche de marbre qui vous parle... (Page 19.)

ANGELO. — Ah! — Vous allez descendre sur-le-champ avec tout votre clergé, croix et bannière en tête, dans le caveau de ce palais ducal, où sont les tombes des Romana. Une dalle y a été levée. Une fosse y a été creusée. Vous bénirez cette fosse. Ne perdez pas de temps. Vous prierez aussi pour moi.

LE DOYEN. — Est-ce que c'est quelqu'un de vos parents, monseigneur?

ANGELO. — Allez. (*Le doyen s'incline profondément et sort par la porte du fond. L'autre prêtre se dispose à le suivre. Angelo l'arrête.*) Vous, monsieur l'archiprêtre, restez. — Il y a ici à côté, dans cet oratoire, une personne que vous allez confesser tout de suite.

L'ARCHIPRÊTRE. — Un homme condamné, monseigneur?

ANGELO. — Une femme.

L'ARCHIPRÊTRE. — Est-ce qu'il faudra préparer cette femme à la mort?

ANGELO. — Oui. — Je vais vous introduire.

UN HUISSIER, *entrant.* — Votre excellence a fait mander dona Tisbe. Elle est là.

ANGELO. — Qu'elle entre, et qu'elle m'attende ici un instant. (*L'huissier sort. Le podesta ouvre l'oratoire et fait signe à l'archiprêtre d'entrer sur le seuil; il l'arrête.*) Monsieur l'archiprêtre, sur votre vie, quand vous sortirez d'ici, ayez soin de ne dire à qui que ce soit au monde le nom de la femme que vous allez voir.

Il entre dans l'oratoire avec le prêtre. La porte du fond s'ouvre, l'huissier introduit la Tisbe.

LA TISBE, *à l'huissier.* — Savez-vous ce qu'il me veut?

L'HUISSIER. — Non, madame.

Il sort.

SCÈNE II.

LA TISBE, seule

Ah! cette chambre! me voilà donc encore dans cette chambre! Que me veut le podesta? Le palais a un air sinistre ce matin. Que m'importe! je donnerais ma vie pour

CATARINA.
Ciel! qu'est-ce que je vois là? Oh! c'est épouvantable! (Page 19.)

oui ou non. Oh! cette porte! cela me fait un étrange effet de revoir cette porte le jour! C'est derrière cette porte qu'il était! Qui? Qui est-ce qui était derrière cette porte? Suis-je sûre que ce fût lui, seulement? Je n'ai même pas revu cet espion. Oh! l'incertitude! affreux fantôme qui vous obsède et qui vous regarde d'un œil louche sans rire ni pleurer! Si j'étais sûre que ce fût Rodolfo, — bien sûre, là, de ces preuves!... — Oh! je le perdrais, je le dénoncerais au podesta. Non. Mais je me vengerais de cette femme. Non. Je me tuerais. Oh, oui! moi sûre que Rodolfo ne m'aime plus, moi sûre qu'il me trompe, moi sûre qu'il en aime une autre, eh bien! qu'est-ce que j'aurais à faire de la vie? cela me serait bien égal! je mourrais. Oh! sans me venger donc? Pourquoi pas? Oh oui, je dis cela dans ce moment-ci, mais c'est que je suis bien capable aussi de me venger! Puis-je répondre de ce qui se passerait en moi s'il m'était prouvé que l'homme de cette nuit c'est Rodolfo! O mon Dieu, préservez-moi d'un accès de rage! O Rodolfo! Catarina! Oh! si cela était, qu'est-ce que je ferais! Vraiment! Qu'est-ce que je ferais? Qui ferais-je mourir? eux ou moi? Je ne sais!

Rentre Angelo.

SCÈNE III.

LA TISBE, ANGELO.

LA TISBE. — Vous m'avez fait appeler, monseigneur?

ANGELO. — Oui, Tisbe. J'ai à vous parler. J'ai tout à fait à vous parler. Des choses assez graves. Je vous le disais, dans ma vie, chaque jour un piége, chaque jour une trahison, chaque jour un coup de poignard à recevoir ou un coup de hache à donner. En deux mots, voilà : ma femme a un amant.

LA TISBE. — Qui s'appelle?..

ANGELO. — Qui était chez elle cette nuit quand nous y étions.

LA TISBE. — Qui s'appelle?...

ANGELO. — Voici comment la chose s'est découverte? Un homme, un espion du conseil des Dix. — Il faut vous dire que les espions du conseil des Dix sont vis-à-vis de nous autres podestas de terre-ferme dans une position singulière. Le conseil leur défend sur leur tête de nous écrire, de nous parler, d'avoir avec nous quelque rapport que ce soit, jusqu'au jour où ils sont chargés de nous arrêter. — Un de ces espions donc a été trouvé poignardé ce matin au bord de l'eau, près du pont Altina. Ce sont les deux guetteurs de nuit qui l'ont relevé. Était-ce un duel? un guet-apens? On ne sait. Ce sbire n'a pu prononcer que quelques mots. Il se mourait. Le malheur est qu'il soit mort! Au moment où il a été frappé, il a eu, à ce qu'il paraît, la présence d'esprit de conserver sur lui une lettre qu'il venait sans doute d'intercepter et qu'il a remise pour moi aux guetteurs de nuit. Cette lettre m'a été apportée en effet par ces deux hommes. C'est une lettre écrite à ma femme par un amant.

LA TISBE. — Qui s'appelle?

ANGELO. — La lettre n'est pas signée. Vous me demandez le nom de l'amant? c'est justement ce qui m'embarrasse. L'homme assassiné a bien dit ce nom aux deux guetteurs de nuit. Mais, les imbéciles! ils l'ont oublié. Ils ne peuvent se le rappeler. Ils ne sont d'accord en rien sur ce nom. L'un dit Roderigo, l'autre Pandolfo!

LA TISBE. — Et la lettre, l'avez-vous là?

ANGELO, *fouillant dans sa poitrine.* — Oui, je l'ai sur moi. C'est justement pour vous la montrer que je vous ai fait venir. Si par hasard vous en connaissiez l'écriture, vous me le diriez. (*Il tire la lettre.*) La voilà.

LA TISBE. — Donnez.

ANGELO, *froissant la lettre dans ses mains.* — Mais je suis dans une anxiété affreuse, Tisbe! Il y a un homme qui a osé — qui a osé lever les yeux sur la femme d'un Malipieri! Il y a un homme qui a osé faire une tache au livre d'or de Venise, à la plus belle page, à l'endroit où est mon nom! ce nom là! Malipieri! Il y a un homme qui était cette nuit dans cette chambre, qui a marché à la place où je suis peut-être! Il y a un misérable homme qui a écrit la lettre que voici, et je ne saisirai pas cet homme! et je ne clouerai pas ma vengeance sur mon affront! et cet homme, je ne lui ferai pas verser une mare de sang sur ce plancher-ci, tenez! Oh! pour savoir qui a écrit cette lettre, je donnerais l'épée de mon père, et dix ans de ma vie, et ma main droite, madame!

LA TISBE. — Mais montrez-la-moi, cette lettre.

ANGELO, *la lui laissant prendre.* — Voyez.

LA TISBE. — (*Elle déploie la lettre et y jette un coup d'œil.*) *A part.* C'est Rodolfo!

ANGELO. — Est-ce que vous connaissez cette écriture?

LA TISBE. — Laissez-moi donc lire. (*Elle lit.*) « Catarina, « ma pauvre bien-aimée, tu vois bien que Dieu nous pro« tége. C'est un miracle qui nous a sauvés cette nuit de « ton mari et de cette femme... » (*A part.*) Cette femme! (*Elle continue à lire.*) « Je t'aime, ma Catarina. Tu es la « seule femme que j'aie aimée. Ne crains rien pour moi, je « suis en sûreté. »

ANGELO. — Eh bien! connaissez-vous l'écriture?

LA TISBE, *lui rendant la lettre.* — Non, monseigneur.

ANGELO. — Non, n'est-ce pas? Et que dites-vous de la lettre? Ce ne peut être un homme qui soit depuis peu à Padoue. C'est le langage d'un ancien amour. Oh! je vais fouiller toute la ville! il faudra bien que je trouve cet homme! Que me conseillez-vous, Tisbe?

LA TISBE. — Cherchez.

ANGELO. — J'ai donné l'ordre que personne ne pût entrer aujourd'hui librement dans le palais, hors vous et votre frère, dont vous pourriez avoir besoin. Que tout autre fût arrêté et amené devant moi. J'interrogerai moi-même. En attendant, j'ai une moitié de ma vengeance sous la main, je vais toujours la prendre.

LA TISBE. — Quoi?

ANGELO. — Faire mourir la femme.

LA TISBE. — Votre femme?

ANGELO. — Tout est prêt. Avant qu'il soit une heure, Catarina Bragadini sera décapitée comme il convient.

LA TISBE. — Décapitée!

ANGELO. — Dans cette chambre.

LA TISBE. — Dans cette chambre!

ANGELO. — Écoutez. Mon lit souillé se change en tombe. Cette femme doit mourir. Je l'ai décidé. Je l'ai décidé trop froidement pour qu'il y ait quelque chose à faire à cela. La prière n'aurait aucune colère à éteindre en moi. Mon meilleur ami, si j'avais un ami, intercéderait pour elle, que je prendrais en défiance mon meilleur ami. Voilà tout. Causons-en si vous voulez. D'ailleurs, Tisbe, je la hais, cette femme! Une femme à laquelle je me suis laissé marier pour des raisons de famille, parce que mes affaires s'étaient dérangées dans les ambassades, pour complaire à mon oncle l'évêque de Castello! une femme qui a toujours eu le visage triste et l'air opprimé devant moi! qui ne m'a jamais donné d'enfants! Et puis, voyez-vous, la haine, c'est dans notre sang, dans notre famille, dans nos traditions. Il faut toujours qu'un Malipieri haïsse quelqu'un. Le jour où le lion de Saint-Marc s'envolera de sa colonne, la haine ouvrira ses ailes de bronze et s'envolera du cœur des Malipieri. Mon aïeul haïssait le marquis Azzo, et il l'a fait noyer la nuit dans les puits de Venise. Mon père haïssait le procurateur Badoër, et il l'a fait empoisonner à un régal de la reine Cornaro. Moi, c'est cette femme que je hais. Je ne lui aurais pas fait de mal. Mais elle est coupable. Tant pis pour elle. Elle sera punie. Je ne vaux pas mieux qu'elle, c'est possible, mais il faut qu'elle meure. C'est une nécessité. Une résolution prise. Je vous dis que cette femme mourra. La grâce de cette femme! les os de ma mère me parleraient pour elle, madame, qu'ils ne l'obtiendraient pas!

LA TISBE. — Est-ce que la sérénissime seigneurie de Venise vous permet?...

ANGELO. — Rien pour pardonner. Tout pour punir.

LA TISBE. — Mais la famille Bragadini, la famille de votre femme?...

ANGELO. — Me remerciera.

LA TISBE. — Votre résolution est prise, dites-vous. Elle mourra. C'est bien. Je vous approuve. Mais puisque tout est secret encore, puisqu'aucun nom n'a été prononcé, ne pourriez-vous épargner à elle un supplice, à vous la note publique et le bruit? Le bourreau est un témoin. Un témoin est de trop.

ANGELO. — Oui. Le poison vaudrait mieux. Mais il faudrait un poison rapide, et vous ne me croirez pas, je n'en ai pas ici.

LA TISBE. — J'en ai, moi.

ANGELO. — Où?

LA TISBE. — Chez moi.

ANGELO. — Quel poison?

LA TISBE. — Le poison Malaspina. Vous savez, cette boîte que m'a envoyée le primicier de Saint-Marc?

ANGELO. — Oui, vous m'en avez déjà parlé. C'est un poison sûr et prompt. Eh bien! vous avez raison. Que tout se passe entre nous. Cela vaut mieux. Écoutez, Tisbe. J'ai toute confiance en vous. Vous comprenez que ce que je suis forcé de faire est légitime. C'est mon honneur que je venge, et tout homme agirait de même à ma place. Eh bien! c'est une chose sombre et difficile que celle où je suis engagé. Je n'ai ici d'autre ami que vous. Je ne puis me fier qu'à vous. La prompte exécution, le secret sont dans l'intérêt de cette femme comme dans le mien. Assistez-moi. J'ai besoin de vous. Je vous le demande. Y consentez-vous?

LA TISBE. — Oui.

ANGELO. — Que cette femme disparaisse sans qu'on sache comment, sans qu'on sache pourquoi. Une fosse se creuse, un service se chante, mais personne ne sait pour qui. Je ferai enlever le corps par ces deux mêmes hommes, les guetteurs de nuit, que je garde sous clef. Vous avez raison, mettons de l'ombre sur tout ceci. Envoyez chercher ce poison.

LA TISBE. — Je sais seule où il est. J'y vais aller moi-même.

ANGELO. — Allez, je vous attends. (*Sort la Tisbe.*) Oui, c'est mieux. Il y a eu des ténèbres sur le crime, qu'il y en ait sur le châtiment. (*La porte de l'oratoire s'ouvre; l'archiprêtre en sort les yeux baissés et les bras en croix sur la poitrine. Il traverse lentement la chambre. Au moment où il va sortir par la porte du fond, Angelo se tourne vers lui.*) Est-elle prête?

L'ARCHIPRÊTRE. — Oui, monseigneur.

Il sort. Catarina paraît sur le seuil de l'oratoire.

SCÈNE IV.

ANGELO, CATARINA.

CATARINA. — Prête à quoi?

ANGELO. — A mourir.

CATARINA. — Mourir! c'est donc vrai! c'est donc possible! Oh! je ne puis me faire à cette idée-là! Mourir! non, je ne suis pas prête, je ne suis pas prête, je ne suis pas prête du tout, monsieur!

ANGELO. — Combien de temps vous faut-il pour vous préparer?

CATARINA. — Oh! je ne sais pas, beaucoup de temps!

ANGELO. — Allez-vous manquer de courage, madame?

CATARINA. — Mourir tout de suite comme cela! Mais je n'ai rien fait qui mérite la mort, je le sais bien, moi! Monsieur! monsieur! encore un jour! non, pas un jour! je sens que je n'aurais pas plus de courage demain. Mais la vie! Laissez-moi la vie! Un cloître! Là, dites, est-ce que c'est vraiment impossible que vous me laissiez la vie?

ANGELO. — Si. Je puis vous la laisser, je vous l'ai déjà dit, à une condition.

CATARINA. — Laquelle? Je ne m'en souviens plus.

ANGELO. — Qui a écrit cette lettre? dites-le-moi. Nommez-moi l'homme! livrez-moi l'homme!

CATARINA, *se tordant les mains*. — Mon Dieu!

ANGELO. — Si vous me livrez cet homme, vous vivrez. L'échafaud pour lui, le couvent pour vous, cela suffira. Décidez-vous.

CATARINA. — Mon Dieu!

ANGELO. — Eh bien! vous ne me répondez pas?

CATARINA. — Si, je vous réponds. Mon Dieu!

ANGELO. — Oh! décidez-vous, madame.

CATARINA. — J'ai eu froid dans cet oratoire. J'ai bien froid.

ANGELO. — Ecoutez. Je veux être bon pour vous, madame. Vous avez devant vous une heure, une heure qui est encore à vous, pendant laquelle je vais vous laisser seule. Personne n'entrera ici. Employez cette heure à réfléchir. Je mets la lettre sur la table. Ecrivez au bas le nom de l'homme, et vous êtes sauvée. Catarina Bragadini! c'est une bouche de marbre qui vous parle, il faut livrer cet homme ou mourir. Choisissez. Vous avez une heure.

CATARINA. — Oh!... un jour!

ANGELO. — Une heure.

Il sort.

SCÈNE V.

CATARINA, restée seule.

Cette porte... (*Elle va à la porte.*) Oh! je l'entends qui la referme au verrou! (*Elle va à la fenêtre.*) Cette fenêtre... (*Elle regarde.*) Oh! que c'est haut! (*Elle tombe sur un fauteuil.*) Mourir! O mon Dieu! c'est une idée qui est bien terrible quand elle vient vous saisir ainsi tout à coup au moment où l'on ne s'y attend pas! N'avoir plus qu'une heure à vivre et se dire : je n'ai plus qu'une heure! Oh! il faut que ces choses-là vous arrivent à vous-même pour savoir jusqu'à quel point c'est horrible! J'ai les membres brisés. Je suis mal sur ce fauteuil. (*Elle se lève.*) Mon lit me reposerait mieux, je crois. Si je pouvais avoir un instant de trêve! (*Elle va à son lit.*) Un instant de repos! (*Elle tire le rideau et recule avec terreur. A la place du lit il y a un billot couvert d'un drap noir et une hache.*) Ciel! qu'est-ce que je vois là? Oh! c'est épouvantable! (*Elle referme le rideau avec un mouvement convulsif.*) Oh! je ne veux plus voir cela! Oh! mon Dieu! c'est pour moi cela! Oh! mon Dieu! je suis seule avec cela ici! (*Elle se traîne jusqu'au fauteuil.*) Derrière moi! c'est derrière moi! Oh! je n'ose plus tourner la tête. Grâce! grâce! Ah! vous voyez bien que ce n'est pas un rêve, et que c'est bien réel ce qui se passe ici, puisque voilà des choses là derrière le rideau!

La petite porte du fond s'ouvre. On voit paraître Rodolfo.

SCÈNE VI.

CATARINA, RODOLFO.

CATARINA, *à part*. — Ciel! Rodolfo!

RODOLFO, *accourant*. — Oui, Catarina, c'est moi, moi pour un instant. Tu es seule. Quel bonheur... — Eh bien! tu es toute pâle! Tu as l'air troublé!

CATARINA. — Je le crois bien. Les imprudences que vous faites. Venir ici en plein jour à présent!

RODOLFO. — Ah! c'est que j'étais trop inquiet. Je n'ai pas pu y tenir.

CATARINA. — Inquiet de quoi?

RODOLFO. — Je vais vous dire, ma Catarina bien aimée... — Ah! vraiment, je suis bien heureux de vous trouver ici aussi tranquille!

CATARINA. — Comment êtes-vous entré?

RODOLFO. — La clef que tu m'as remise toi-même.

CATARINA. — Je sais bien, mais dans le palais?

RODOLFO. — Ah! voilà précisément une des choses qui m'inquiètent. Je suis entré aisément, mais je ne sortirai pas de même.

CATARINA. — Comment?

RODOLFO. — Le capitaine-grand m'a prévenu à la porte du palais que personne n'en sortirait avant la nuit.

CATARINA. — Personne avant la nuit! (*A part.*) Pas d'évasion possible! O Dieu!

RODOLFO. — Il y a des sbires en travers de tous les passages. Le palais est gardé comme une prison. J'ai réussi à me glisser dans la grande galerie, et je suis venu. Vraiment! tu me jures qu'il ne se passe rien ici?

CATARINA. — Non. Rien, rien. Sois tranquille, mon Rodolfo. Tout est comme à l'ordinaire ici. Regarde. Tu vois bien qu'il n'y a rien de dérangé dans cette chambre. Mais va-t'en vite. Je tremble que le podesta ne rentre.

RODOLFO. — Non, Catarina, ne crains rien de ce côté. Le podesta est en ce moment sur le pont Molino, là en bas. Il interroge des gens qu'on vient d'arrêter. Oh! j'étais inquiet, Catarina! Tout a un air étrange aujourd'hui, la ville comme le palais. Des bandes d'archers et de cernides vénitiens parcourent les rues. L'église Saint-Antoine est tendue de noir, et l'on y chante l'office des morts. Pour qui? On l'ignore. Le savez-vous?

CATARINA. — Non.

RODOLFO. — Je n'ai pu pénétrer dans l'église. La ville est frappée de stupeur. Tout le monde parle bas. Il se passe à coup sûr une chose terrible quelque part. Où? Je ne sais. Ce n'est pas ici, c'est tout ce qu'il me faut. Pauvre amie, tu ne te doutes pas de tout cela dans ta solitude!

CATARINA. — Non.

RODOLFO. — Que nous importe au reste! Dis, es-tu remise de l'émotion de cette nuit? Oh! quel événement! Je n'y comprends rien encore. Catarina! je t'ai délivrée de ce sbire Homodei. Il ne te fera plus de mal.

CATARINA. — Tu crois?

RODOLFO. — Il est mort. Catarina! tiens, décidément tu as quelque chose! tu as l'air triste! Catarina! tu ne me caches rien? Il ne t'arrive rien au moins? Oh! c'est qu'on aurait ma vie avant la tienne!

CATARINA. — Non, il n'y a rien. Je te jure qu'il n'y a rien. Seulement je te voudrais dehors. Je suis effrayée pour toi.

RODOLFO. — Que faisais-tu quand je suis entré?

CATARINA. — Ah! mon Dieu! tranquillisez-vous, mon Rodolfo, je n'étais pas triste, bien au contraire. J'essayais de me rappeler cet air que vous chantez si bien. Tenez, vous voyez, j'ai encore là ma guitare.

RODOLFO. — Je t'ai écrit ce matin. J'ai rencontré Reginella, à qui j'ai remis la lettre. La lettre n'a pas été interceptée? Elle t'est bien arrivée?

CATARINA. — La lettre m'est si bien arrivée que la voilà.

Elle lui présente la lettre.

RODOLFO. — Ah! tu l'as! C'est bien. On est toujours inquiet quand on écrit.

CATARINA. — Oh! toutes les issues de ce palais gardées! Personne ne sortira avant la nuit!

RODOLFO. — Personne. Je l'ai déjà dit. C'est l'ordre.

CATARINA. — Allons! maintenant vous m'avez parlé, vous m'avez vue, vous êtes rassuré, vous voyez que, si la ville est en rumeur, tout est tranquille ici. Partez, mon Rodolfo, au nom du ciel! Si le podesta entrait! Vite! partez. Puisque vous êtes obligé de rester dans ce palais jusqu'au soir, voyons, je vais à fermer moi-même ton manteau. Comme cela. Ton chapeau sur la tête. Et puis, devant les sbires, aie l'air naturel, à ton aise, pas d'affectation à les éviter, pas de précaution. La précaution dénonce. Et puis, si l'on voulait te faire écrire quelque chose par hasard, un espion, quelqu'un qui te tendrait un piège, trouve un prétexte, n'écris pas!

RODOLFO. — Pourquoi cette recommandation, Catarina?

CATARINA. — Pourquoi? Je ne veux pas qu'on voie de ton écriture, moi. C'est une idée que j'ai. Mon ami, vous savez bien que les femmes ont des idées. Je te remercie d'être venu, d'être entré, d'être resté, j'ai eu la joie de te voir! Là, tu vois bien que je suis tranquille, gaie, contente, que j'ai ma guitare là et ta lettre. Maintenant va-t'en vite. Puisque je veux que tu t'en ailles. — Encore un mot seulement.

RODOLFO. — Quoi?

CATARINA. — Rodolfo, vous savez que je ne vous ai jamais rien accordé; tu le sais bien, toi.

RODOLFO. — Eh bien?

CATARINA. — Aujourd'hui, c'est moi qui vais te demander. Rodolfo! un baiser!

RODOLFO, *la serrant dans ses bras.* — Oh! c'est le ciel!

CATARINA. — Je le vois qui s'ouvre!

RODOLFO. — O bonheur!

CATARINA. — Tu es heureux?

RODOLFO. — Oui!

CATARINA. — A présent sors, mon Rodolfo!

RODOLFO. — Merci.

CATARINA. — Adieu! — Rodolfo! (*Rodolfo, qui est à la porte, s'arrête.*) Je t'aime!

Rodolfo sort.

SCÈNE VII.

CATARINA, seule.

Fuir avec lui! Oh! j'y ai songé un moment! Oh! Dieu! fuir avec lui! impossible. Je l'aurais perdu inutilement. Oh! pourvu qu'il ne lui arrive rien! pourvu que les sbires ne l'arrêtent pas! pourvu qu'on le laisse sortir ce soir! Oh oui! il n'y a pas de raison pour que le soupçon tombe sur lui. Sauvez-le, mon Dieu! (*Elle va écouter à la porte du corridor.*) J'entends encore son pas. Mon bien-aimé! il s'éloigne. Plus rien. C'est fini. Va en sûreté, mon Rodolfo! (*La grande porte s'ouvre.*) Ciel!

Entrent Angelo et la Tisbe.

SCÈNE VIII.

CATARINA, ANGELO, LA TISBE.

CATARINA, *à part.* — Quelle est cette femme? La femme de nuit!

ANGELO. — Avez-vous fait vos réflexions, madame?

CATARINA. — Oui, monsieur.

ANGELO. — Il faut mourir ou me livrer l'homme qui a écrit la lettre. Avez-vous pensé à me livrer cet homme, madame?

CATARINA. — Je n'y ai pas pensé seulement un instant, monsieur.

LA TISBE, *à part.* — Tu es une bonne et courageuse femme, Catarina!

Angelo fait signe à la Tisbe, qui lui remet une fiole d'argent. Il la pose sur la table.

ANGELO. — Alors vous allez boire ceci.

CATARINA. — C'est du poison?

ANGELO. — Oui, madame.

CATARINA. — O mon Dieu! vous jugerez un jour cet homme. Je vous demande grâce pour lui!

ANGELO. — Madame, le provéditeur Urseolo, un des Bragadini, un de vos pères, a fait périr Marcella Galbai, sa femme, de la même façon, pour le même crime.

CATARINA. — Parlons simplement. Tenez, il n'est pas question des Bragadini. Vous êtes infâme. Ainsi vous venez froidement là, avec le poison dans les mains! Coupable? Non, je ne le suis pas; pas comme vous le croyez du moins.

Mais je ne descendrai pas à me justifier. Et puis, comme vous mentez toujours, vous ne me croiriez pas. Tenez, vraiment, je vous méprise! Vous m'avez épousée pour mon argent, parce que j'étais riche, parce que ma famille a un droit sur l'eau des citernes de Venise. Vous avez dit : Cela rapporte cent mille ducats par an, prenons cette fille. Et quelle vie ai-je eue avec vous depuis cinq ans? dites ! Vous ne m'aimez pas. Vous êtes jaloux cependant. Vous me tenez en prison. Vous avez des maîtresses, cela vous est permis. Tout est permis aux hommes. Toujours dur, toujours sombre avec moi; jamais une bonne parole; parlant sans cesse de vos pères, des doges qui ont été de votre famille; m'humiliant dans la mienne. Si vous croyez que c'est là ce qui rend une femme heureuse! Oh! il faut avoir souffert ce que j'ai souffert pour savoir ce que c'est que le sort des femmes! Eh bien oui, monsieur, j'ai aimé avant de vous connaître un homme, que j'aime encore. Vous me tuez pour cela; si vous avez ce droit-là, il faut convenir que c'est un horrible temps que le nôtre. Ah! vous êtes bienheureux, n'est-ce pas? d'avoir une lettre, un chiffon de papier, un prétexte! Fort bien. Vous me jugez, vous me condamnez, et vous m'exécutez! Dans l'ombre. En secret. Par le poison. Vous avez la force. — C'est lâche! (*Se tournant vers la Tisbe.*) Que pensez-vous de cet homme, madame?

ANGELO. — Prenez garde!...

CATARINA, *à la Tisbe.* — Et vous, qui êtes-vous? qu'est-ce que vous me voulez? C'est beau ce que vous faites là ! Vous êtes la maîtresse publique de mon mari, vous avez intérêt à me perdre, vous m'avez fait espionner, vous m'avez prise en faute, et vous me mettez le pied sur la tête. Vous assistez mon mari dans l'abominable chose qu'il fait! Qui sait même? c'est peut-être vous qui fournissez le poison! (*A Angelo.*) Que pensez-vous de cette femme, monsieur?

ANGELO. — Madame!

CATARINA. — En vérité, nous sommes tous les trois d'un bien exécrable pays! C'est une bien odieuse république que celle où un homme peut marcher impunément sur une malheureuse femme, comme vous faites, monsieur! et où les autres hommes lui disent : Tu fais bien. Foscari a fait mourir sa fille, Loredano sa femme, Bragadini... — Je vous demande un peu si ce n'est pas infâme ! Oui, tout Venise est dans cette chambre en ce moment! Tout Venise en vos deux personnes! Rien n'y manque ! (*Montrant Angelo.*) Venise despote, la voilà. (*Montrant la Tisbe.*) Venise courtisane, la voici. (*A la Tisbe.*) Si je vais trop loin dans ce que je dis, madame, tant pis pour vous, pourquoi êtes-vous là!

ANGELO, *lui saisissant le bras.* — Allons, madame, finissons-en!

CATARINA. (*Elle s'approche de la table où est le flacon.*) — Allons, je vais accomplir ce que vous voulez. (*Elle avance la main vers le flacon*). Puisqu'il le faut... (*Elle recule.*) Non! c'est affreux! je ne veux pas! je ne pourrais jamais! Mais pensez-y donc encore un peu, tandis qu'il en est temps. Vous qui êtes tout-puissant, réfléchissez. Une femme, une femme qui est seule, abandonnée, qui n'a pas de force, qui est sans défense, qui n'a pas de parents ici; pas de famille, pas d'amis, qui n'a personne ! l'assassiner! l'empoisonner misérablement dans un coin de sa maison! — Ma mère! ma mère! ma mère!

LA TISBE. — Pauvre femme!

CATARINA. — Vous avez dit pauvre femme, madame! Vous l'avez dit! Oh! je l'ai bien entendu! Oh ! ne me dites pas que vous ne l'avez pas dit! Vous avez donc pitié, madame! Oh oui! laissez-vous attendrir! Vous voyez bien qu'on veut m'assassiner! Est-ce que vous en êtes, vous? Oh! ce n'est pas possible. Non, n'est-ce pas? Tenez, je vais vous expliquer, vous conter la chose à vous. Vous parlerez au podesta après. Vous lui direz que ce qu'il fait là est horrible. Moi, c'est tout simple que je dise cela. Mais vous, cela fera plus d'effet. Il suffit quelquefois d'un mot dit par une personne étrangère pour ramener un homme à la raison. Si je vous ai offensée tout à l'heure, pardonnez-le-moi. Madame, je n'ai rien fait qui fût mal, vraiment mal. Je suis toujours restée honnête. Vous me comprenez, vous, je le vois bien. Mais je ne puis dire cela à mon mari. Les hommes ne veulent jamais nous croire, vous savez? Cependant nous leur disons quelquefois des choses bien vraies. Madame! ne me dites pas d'avoir du courage, je vous en prie. Est-ce que je suis forcée d'avoir du courage, moi? Je n'ai pas honte de n'être qu'une femme bien faible et dont il faudrait avoir pitié. Je pleure parce que la mort me fait peur. Ce n'est pas ma faute.

ANGELO. — Madame, je ne puis attendre plus longtemps.

CATARINA. — Ah! vous m'interrompez. (*A la Tisbe.*) Vous voyez bien qu'il m'interrompt. Ce n'est pas juste. Il a vu que je vous disais des choses qui allaient vous émouvoir. Alors il m'empêche d'achever, il me coupe la parole. (*A Angelo.*) Vous êtes un monstre!

ANGELO. — C'en est trop. Catarina Bragadini, le crime fait veut un châtiment, la fosse ouverte veut un cercueil, le mari outragé veut une femme morte. Tu perds toutes les paroles qui sortent de ta bouche, j'en jure par Dieu qui est au ciel! (*Montrant le poison.*) Voulez-vous, madame?

CATARINA. — Non!

ANGELO. — Non? — J'en reviens à ma première idée alors. Les épées ! les épées ! Troilo ! Qu'on aille me chercher... J'y vais !

Il sort violemment par la porte du fond, qu'on entend refermer au dehors.

SCÈNE IX.

CATARINA, LA TISBE.

LA TISBE. — Ecoutez! Vite! nous n'avons qu'un instant. Puisque c'est vous qu'il aime, ce n'est plus qu'à vous qu'il faut songer. Faites ce qu'on veut, ou vous êtes perdue. Je ne puis pas m'expliquer plus clairement. Vous n'êtes pas raisonnable. Tout à l'heure il m'est échappé de dire : Pauvre femme ! Vous l'avez répété tout haut comme une folle devant le podesta, à qui cela pouvait donner des soupçons! Si je vous disais la chose, vous êtes dans un état trop violent, vous feriez quelque imprudence, et tout serait perdu. Laissez-vous faire! Buvez ! Les épées ne pardonnent pas, voyez-vous. Ne résistez plus. Que voulez-vous que je vous dise? C'est vous qui êtes aimée, et je veux que quelqu'un m'ait une obligation. Vous ne comprenez pas ce que je vous dis là ; eh bien ! de vous le dire, cela m'arrache le cœur pourtant !

CATARINA. — Madame...

LA TISBE. — Faites ce qu'on vous dit. Pas de résistance, pas une parole. Surtout n'ébranlez pas la confiance que votre mari a en moi. Entendez-vous? Je n'ose vous en dire plus avec votre manie de tout redire ! Oui, il y a dans cette chambre une pauvre femme qui doit mourir, mais ce n'est pas vous. Est-ce dit?

CATARINA. — Je ferai ce que vous voulez, madame.

LA TISBE. — Bien. Je l'entends qui revient. (*La Tisbe se jette sur la porte du fond au moment où elle s'ouvre.*) Seul! seul! entrez seul !

On entrevoit des sbires, l'épée nue, dans la chambre voisine, Angelo entre. La porte se referme.

SCÈNE X.

CATARINA, LA TISBE, ANGELO.

LA TISBE. — Elle se résigne au poison.
ANGELO, à *Catarina*. — Alors, tout de suite, madame.
CATARINA, *prenant la fiole*. — (*A la Tisbe.*) Je sais que vous êtes la maîtresse de mon mari. Si votre pensée secrète était une pensée de trahison, le besoin de me perdre, l'ambition de prendre ma place, que vous auriez tort d'envier, ce serait une action abominable, madame; et, quoiqu'il soit dur de mourir à vingt-deux ans, j'aimerais encore mieux ce que je fais que ce que vous faites.

Elle boit.

LA TISBE, *à part*. — Que de paroles inutiles, mon Dieu!
ANGELO, *allant à la porte du fond qu'il entr'ouvre*. — Allez-vous-en!
CATARINA. — Ah! ce breuvage me glace le sang! (*Regardant fixement la Tisbe.*) Ah! madame! (*A Angelo.*) Êtes-vous content, monsieur? Je sens bien que je vais mourir. Je ne vous crains plus. Eh bien, je vous le dis maintenant, à vous qui êtes mon démon, comme je le dirai tout à l'heure à mon Dieu, j'ai aimé un homme, mais je suis pure!
ANGELO. — Je ne vous crois pas, madame.
LA TISBE, *à part*. — Je la crois, moi.
CATARINA. — Je me sens défaillir... Non. Pas ce fauteuil-là. Ne me touchez point. Je vous l'ai déjà dit, vous êtes un homme infâme! (*Elle se dirige en chancelant vers son oratoire.*) Je veux mourir à genoux, devant l'autel qui est là. Mourir seule, en repos, sans avoir vos deux regards sur moi. (*Arrivée à la porte, elle s'appuie sur le rebord.*) Je veux mourir en priant Dieu. (*A Angelo.*) Pour vous, monsieur.

Elle entre dans l'oratoire.

ANGELO. — Troïlo! (*Entre l'huissier.*) Prends dans mon aumônière la clef de ma salle secrète. Dans cette salle tu trouveras deux hommes. Amène-les-moi sans leur dire un mot. (*L'huissier sort.*) — A la Tisbe.) Il faut maintenant que j'aille interroger les hommes arrêtés. Quand j'aurai parlé aux deux guetteurs de nuit, Tisbe, je vous confierai le soin de veiller sur ce qui reste à faire. Le secret, surtout!

Entrent les deux guetteurs de nuit, introduits par l'huissier, qui se retire.

SCÈNE XI.

ANGELO, LA TISBE, les deux Guetteurs de nuit.

ANGELO, *aux deux guetteurs de nuit*. — Vous avez été souvent employés aux exécutions de nuit dans ce palais. Vous connaissez la cave où sont les tombes?
L'UN DES GUETTEURS DE NUIT. — Oui, monseigneur.
ANGELO. — Y a-t-il des passages tellement cachés qu'aujourd'hui, par exemple, que ce palais est plein de soldats, vous puissiez descendre dans ce caveau, y entrer et puis sortir du palais sans être vus de personne?
LE GUETTEUR DE NUIT. — Nous entrerons et nous sortirons sans être vus de personne, monseigneur.
ANGELO. — C'est bien. (*Il entr'ouvre la porte de l'oratoire.* — *Aux deux guetteurs.*) Il y a là une femme qui est morte. Vous allez descendre cette femme secrètement dans le caveau. Vous trouverez dans ce caveau une dalle du pavé qu'on a déplacée et une fosse qu'on a creusée. Vous mettrez la femme dans la fosse et puis la dalle à sa place. Vous entendez?
LE GUETTEUR DE NUIT. — Oui, monseigneur.
ANGELO. — Vous êtes forcés de passer par mon appartement. Je vais en faire sortir tout le monde. (*A la Tisbe.*) Veillez à ce que tout se fasse en secret.

Il sort.

LA TISBE, *tirant une bourse de son aumônière*. — (*Aux deux hommes.*) Deux cents sequins d'or dans cette bourse. Pour vous! et demain matin le double, si vous faites bien tout ce que je vais vous dire.
LE GUETTEUR DE NUIT, *prenant la bourse*. — Marché conclu, madame. Où faut-il aller?
LA TISBE. — Au caveau d'abord.

DEUXIÈME PARTIE.

Une chambre de nuit. Au fond, une alcôve à rideaux avec un lit. De chaque côté de l'alcôve, une porte : celle de droite masquée dans la tenture. Tables, meubles, fauteuils, sur lesquels sont épars des masques, des éventails, des écrins à demi ouverts, des costumes de théâtre.

SCÈNE PREMIÈRE.

LA TISBE, les deux Guetteurs de nuit, un Page noir; CATARINA, enveloppée d'un linceul et posée sur le lit; on distingue sur sa poitrine le crucifix de cuivre.

La Tisbe prend un miroir et découvre le visage pâle de Catarina.

LA TISBE, *au page noir*. — Approche avec ton flambeau. (*Elle place le miroir devant les lèvres de Catarina.*) Je suis tranquille! (*Elle referme les rideaux de l'alcôve.* — *Aux deux guetteurs de nuit.*) Vous êtes sûrs que personne ne vous a vus dans le trajet du palais ici?
UN DES GUETTEURS DE NUIT. — La nuit est très-noire. La ville est déserte à cette heure. Vous savez bien que nous n'avons rencontré personne, madame. Vous nous avez vus mettre le cercueil dans la fosse et le recouvrir avec la dalle. Ne craignez rien. Nous ne savons pas si cette femme est morte, mais ce qui est certain, c'est que pour le monde entier elle est scellée dans la tombe. Vous pouvez en faire ce que vous voudrez.
LA TISBE. — C'est bien. (*Au page noir.*) Où sont les habits d'homme que je t'ai dit de tenir prêts?
LE PAGE NOIR, *montrant un paquet dans l'ombre*. — Les voici, madame.
LA TISBE. — Et les deux chevaux que je t'ai demandés, sont-ils dans la cour?
LE PAGE NOIR. — Sellés et bridés.
LA TISBE. — De bons chevaux?
LE PAGE NOIR. — J'en réponds, madame.
LA TISBE. — C'est bien. (*Aux guetteurs de nuit.*) Dites

moi, vous, combien faut-il de temps, avec de bons chevaux, pour sortir de l'État de Venise ?

LE GUETTEUR DE NUIT. — C'est selon. Le plus court, c'est d'aller tout de suite à Montebacco, qui est au pape. Il faut trois heures. Beau chemin.

LA TISBE. — Cela suffit. Allez maintenant. Le silence sur tout ceci ! et revenez demain matin chercher la récompense promise. (*Les deux guetteurs de nuit sortent.* — *Au page noir.*) Toi, va fermer la porte de la maison. Sous quelque prétexte que ce soit, ne laisse entrer personne.

LE PAGE NOIR. — Le seigneur Rodolfo a son entrée particulière, madame. Faut-il la fermer aussi ?

LA TISBE. — Non, laisse-la libre. S'il vient, qu'il entre. Mais lui seul, et personne autre. Aie soin que qui que ce soit au monde ne puisse pénétrer ici, surtout si Rodolfo venait. Toi-même, fais attention à n'entrer que si je t'appelle. A présent laisse-moi.

Sort le page noir.

SCÈNE II.

LA TISBE, CATARINA dans l'alcôve.

LA TISBE. — Je pense qu'il n'y a plus très-longtemps à attendre. — Elle ne voulait pas mourir. Je le comprends, quand on sait qu'on est aimée ! — Mais autrement, plutôt que de vivre sans son amour. (*Se tournant vers le lit.*) Oh ! tu serais morte avec joie, n'est-ce pas ? — Ma tête brûle. Voilà pourtant trois nuits que je ne dors pas. Avant-hier, cette fête ; hier, ce rendez-vous où je les ai surpris ; aujourd'hui... — Oh ! la nuit prochaine, je dormirai ! (*Elle jette un coup d'œil sur les toilettes de théâtre éparses autour d'elle.*) Oh oui ! nous sommes bien heureuses nous autres ! On nous applaudit au théâtre. Que vous avez bien joué la Rosmonda, madame ! Les imbéciles ! Oui, on nous admire, on nous trouve belles, on nous couvre de fleurs, mais le cœur saigne dessous. Oh ! Rodolfo ! Rodolfo ! Croire à son amour, c'était une idée nécessaire à ma vie ! Dans le temps où j'y croyais, j'ai souvent pensé que si je mourais je voudrais mourir près de lui, mourir de telle façon qu'il lui fût impossible d'arracher ensuite mon souvenir de son âme, que mon ombre restât à jamais à côté de lui, entre toutes les autres femmes et lui ! Oh ! la mort, ce n'est rien. L'oubli, c'est tout. Je ne veux pas qu'il m'oublie. Hélas ! voilà donc où j'en suis venue ! Voilà où je suis tombée ! Voilà ce que le monde a fait pour moi ! Voilà ce que l'amour a fait de moi ! (*Elle va au lit, écarte les rideaux, fixe quelques instants son regard sur Catarina immobile, et prend le crucifix.*) Oh ! si ce crucifix a porté bonheur à quelqu'un dans ce monde, ce n'est pas à votre fille, ma mère !

Elle pose le crucifix sur la table. La petite porte masquée s'ouvre. Entre Rodolfo.

SCÈNE III.

LA TISBE, RODOLFO, CATARINA, toujours dans l'alcôve fermée.

LA TISBE. — C'est vous, Rodolfo ! Ah ! tant mieux ! j'ai à vous parler, justement ! Écoutez-moi.

RODOLFO. — Et moi aussi j'ai à vous parler, et c'est vous qui allez m'écouter, madame !

LA TISBE. — Rodolfo !...

RODOLFO. — Êtes-vous seule, madame ?

LA TISBE. — Seule.

RODOLFO. — Donnez l'ordre que personne n'entre.

LA TISBE. — Il est déjà donné.

RODOLFO. — Permettez-moi de fermer ces deux portes.

Il va fermer les deux portes au verrou.

LA TISBE. — J'attends ce que vous avez à me dire.

RODOLFO. — D'où venez-vous ? De quoi êtes-vous pâle ? Qu'avez-vous fait aujourd'hui, dites ? Qu'est-ce que ces mains-là ont fait, dites ? Où avez-vous passé les exécrables heures de cette journée, dites ? Non, ne le dites pas. Je vais le dire. Ne répondez pas, ne niez pas, n'inventez pas, ne mentez pas. Je sais tout ! Je sais tout, vous dis-je ! Vous voyez bien que je sais tout, madame ; il y avait là Dafne. A deux pas de vous. Séparée seulement par une porte. Dans l'oratoire. Il y avait Dafne qui a tout vu, qui a tout entendu, qui était là, à côté, tout près, qui entendait, qui voyait ! — Tenez, voilà des paroles que vous avez prononcées. Le podesta disait : Je n'ai pas de poison ; vous avez dit : j'en ai, moi ! — J'en ai, moi ! j'en ai, moi ! L'avez-vous dit, oui ou non ? Mentez un peu, voyons ! Ah ! vous avez du poison, vous ! Eh bien ! moi, j'ai un couteau !

Il tire un poignard de sa poitrine.

LA TISBE. — Rodolfo...

RODOLFO. — Vous avez un quart d'heure pour vous préparer à la mort, madame !

LA TISBE. — Ah ! vous me tuez ! Ah ! c'est la première idée qui vous vient ! Vous voulez me tuer ainsi, vous-même, tout de suite, sans plus attendre, sans être bien sûr ? Vous pouvez prendre une résolution pareille aussi facilement ! Vous ne tenez pas à moi plus que cela ! Vous me tuez pour l'amour d'une autre ! O Rodolfo, c'est donc bien vrai, dites-le-moi de votre bouche, vous ne m'avez donc jamais aimée ?

RODOLFO. — Jamais !

LA TISBE. — Eh bien ! c'est ce mot-là qui me tue, mal heureux ! ton poignard ne fera que m'achever.

RODOLFO. — De l'amour pour vous, moi ! Non, je n'en ai pas ! je n'en ai jamais eu ! Je puis m'en vanter, Dieu merci ! De la pitié tout au plus !

LA TISBE. — Ingrat ! Et, encore un mot, dis-moi, elle ! tu l'aimais donc bien ?

RODOLFO. — Elle ! si je l'aimais ! elle ! Oh ! écoutez cela puisque c'est votre supplice, malheureuse. Si je l'aimais ! une chose pure, sainte, chaste, sacrée, une femme qui est un autel, ma vie, mon sang, mon trésor, ma consolation, ma pensée, la lumière de mes yeux, voilà comme je l'aimais !

LA TISBE. — Alors, j'ai bien fait.

RODOLFO. — Vous avez bien fait ?

LA TISBE. — Oui. J'ai bien fait. Es-tu sûr seulement de ce que j'ai fait ?

RODOLFO. — Je ne suis pas sûr, dites-vous ! Voilà la seconde fois que vous le dites. Mais il y avait là Dafne, je vous répète qu'il y avait là Dafne, et ce qu'elle m'a dit, je l'ai encore dans l'oreille. — Monsieur, monsieur ! ils n'étaient qu'eux trois dans cette chambre, elle, le podesta, et une autre femme, une horrible femme que le podesta appelait Tisbe. Monsieur, deux grandes heures, deux heures d'agonie et de pitié, monsieur, ils l'ont tenue là, la malheureuse, pleurant, priant, suppliant, demandant grâce, demandant la vie. — Tu demandais la vie, ma Catarina bien-aimée ! — à genoux, les mains jointes, se traînant à leurs pieds, et ils disaient non ! Et le poison, c'est la femme Tisbe qui l'a été chercher ! et c'est elle qui a forcé madame de le boire ! et le pauvre corps mort, monsieur, c'est elle qui l'a emporté, cette femme, ce monstre, la Tisbe. — Où l'avez-vous mis, madame ? — Voilà ce qu'elle a fait, la Tisbe ! Si j'en suis sûr ! (*Tirant un mouchoir de sa poitrine.*) Ce mouchoir que j'ai trouvé chez Catarina, à qui est-il ? A vous.

RODOLFO.
Ah! vous avez du poison, vous! Eh bien! moi, j'ai un couteau! (Page 23.)

(*Montrant le crucifix.*) Ce crucifix que je trouve chez vous, à qui est-il? A elle! — Si j'en suis sûr! Allons, priez, pleurez, criez, demandez grâce, faites promptement ce que vous avez à faire, et finissons!

LA TISBE. — Rodolfo...

RODOLFO. — Qu'avez-vous à dire pour vous justifier? Vite. Parlez vite. Tout de suite.

LA TISBE. — Rien, Rodolfo. Tout ce qu'on t'a dit est vrai. Crois tout. Rodolfo, tu arrives à propos, je voulais mourir. Je cherchais un moyen de mourir près de toi, à tes pieds. Mourir de ta main! oh! c'est plus que je n'aurais osé espérer! Mourir de ta main, oh! je tomberai peut-être dans tes bras. Je te rends grâce. Je suis sûre au moins que tu entendras mes dernières paroles. Mon dernier souffle, quoique tu n'en veuilles pas, tu l'auras. Vois-tu, je n'ai pas du tout besoin de vivre, moi. Tu ne m'aimes pas, tue-moi. C'est la seule chose que tu puisses faire à présent pour moi, mon Rodolfo. Ainsi, tu veux bien te charger de moi. C'est dit. Je te rends grâce.

RODOLFO. — Madame...

LA TISBE. — Je vais te dire. Ecoute-moi seulement un instant. J'ai toujours été bien à plaindre, va. Ce ne sont pas là des mots, c'est un pauvre cœur gonflé qui déborde. On n'a pas beaucoup pitié de nous autres, on a tort. On ne sait pas tout ce que nous avons souvent de vertu et de courage. Crois-tu que je doive tenir beaucoup à la vie? Songe donc que je mendiais tout enfant, moi. Et puis, à seize ans, je me suis trouvée sans pain. J'ai été ramassée dans la rue par des grands seigneurs. Je suis tombée d'une fange dans l'autre. La faim ou l'orgie! Je sais bien qu'on vous dit : Mourez de faim, mais j'ai bien souffert, va! Oh oui! toute la pitié est pour les grandes dames nobles. Si elles pleurent, on les console. Si elles font mal, on les excuse. Et puis, elles se plaignent! Mais nous, tout est trop bon pour nous. On nous accable. Va, pauvre femme! marche toujours! de quoi te plains-tu? Tous sont contre toi. Eh bien! est-ce que tu n'es pas faite pour souffrir, fille de joie? — Rodolfo, dans ma position, est-ce que tu ne sens pas que j'avais besoin d'un cœur qui comprît le mien? Si je n'ai pas quelqu'un qui m'aime, qu'est-ce que tu veux que je devienne, là, vraiment? Je ne te dis pas cela pour t'attendrir, à quoi bon? Il n'y a plus rien de possible maintenant.

LA TISBE.
Madame, permettez-moi de lui dire encore une fois mon Rodolfo. (Page 26.)

Mais je t'aime, moi! O Rodolfo! à quel point cette pauvre fille qui te parle t'a aimé, tu ne le sauras qu'après ma mort, quand je n'y serai plus! Tiens, voilà six mois que je te connais, n'est-ce pas? Six mois que je fais de ton regard ma vie, de ton sourire ma joie, de ton souffle mon âme! Eh bien, juge! depuis six mois je n'ai pas eu un seul instant l'idée, l'idée nécessaire à ma vie, que tu m'aimais. Tu sais que je t'ennuyais toujours de ma jalousie, j'avais mille indices qui me troublaient, maintenant cela m'est expliqué. Je ne t'en veux pas. Ce n'est pas ta faute. Je sais que ta pensée était à cette femme depuis sept ans. Moi, j'étais pour toi une distraction, un passe-temps. C'est tout simple. Je ne t'en veux pas. Mais que veux-tu que je fasse? Aller devant moi comme cela, vivre sans ton amour, je ne le peux pas. Enfin il faut bien respirer. Moi, c'est par toi que je respire! Vois; tu ne m'écoutes seulement pas! Est-ce que cela te fatigue que je te parle? Ah! je suis si malheureuse vraiment, que je crois que quelqu'un qui me verrait aurait pitié de moi!

RODOLFO. — Si j'en suis sûr! Le podesta est allé chercher quatre sbires, et pendant ce temps-là vous avez dit à elle tout bas des choses terribles qui lui ont fait prendre le poison! Madame! est-ce que vous ne voyez pas que ma raison s'égare? Madame! ou est Catarina? Répondez? Est-ce c'est vrai, madame, que vous l'avez tuée, que vous l'avez empoisonnée? Où est-elle? dites! Où est-elle? Savez-vous que c'est la seule femme que j'aie jamais aimée, madame! la seule, la seule, entendez-vous? La seule!

LA TISBE. — La seule! la seule! Oh! c'est mal de me donner tant de coups de poignard! par pitié (*elle lui montre le couteau qu'il tient*), vite le dernier avec ceci!

RODOLFO. — Où est Catarina, la seule que j'aime? Oui, la seule!

LA TISBE. — Ah! tu es sans pitié! tu me brises le cœur! Eh bien, oui! je la hais, cette femme! entends-tu? je la hais! Oui, on t'a dit vrai, je me suis vengée, je l'ai empoisonnée, je l'ai tuée!

RODOLFO. — Ah! vous le dites donc! Ah! vous voyez bien que c'est vous qui le dites! Par le ciel! je crois que vous vous en vantez, malheureuse!

LA TISBE. — Oui, et ce que j'ai fait, je le ferais encore! Frappe!

RODOLFO, *terrible*. — Madame!

LA TISBE. — Je l'ai tuée, te dis-je! Frappe donc!
RODOLFO. — Misérable!

Il la frappe.

LA TISBE. — (*Elle tombe.*) Ah! au cœur! Tu m'as frappée au cœur! C'est bien. — Mon Rodolfo! ta main! (*Elle lui prend la main et la baise.*) Merci! Tu m'as délivrée! Laisse-la-moi, ta main. Je ne veux pas te faire du mal, tu vois bien. Mon Rodolfo bien-aimé, tu ne te voyais pas quand tu es entré, mais de la manière dont tu as dit : Vous avez un quart d'heure! en levant ton couteau, je ne pouvais plus vivre après cela. Maintenant que je vais mourir, sois bon, dis-moi un mot de pitié. Je crois que tu feras bien.

RODOLFO. — Madame...
LA TISBE. — Un mot de pitié! Veux-tu?

On entend une voix sortir de derrière les rideaux de l'alcôve.

CATARINA. — Où suis-je? Rodolfo!
RODOLFO. — Qu'est-ce que j'entends? Quelle est cette voix?

Il se retourne et voit la figure blanche de Catarina qui a entr'ouvert les rideaux.

CATARINA. — Rodolfo!
RODOLFO *court à elle et l'enlève dans ses bras.* — Catarina! Grand Dieu! Tu es ici! Vivante! Comment cela se fait-il? Juste ciel! (*Se retournant vers la Tisbe.*) Ah! qu'ai-je fait!

LA TISBE, *se traînant vers lui avec un sourire.* — Rien. Tu n'as rien fait. C'est moi qui ai fait tout. Je voulais mourir. J'ai poussé ta main.

RODOLFO. — Catarina! tu vis, grand Dieu! par qui as-tu été sauvée?
LA TISBE. — Par moi, pour toi!
RODOLFO. — Tisbe! Du secours! Misérable que je suis!
LA TISBE. — Non. Tout secours est inutile. Je le sens bien. Merci. Ah! livre-toi à la joie comme si je n'étais pas là. Je ne veux pas te gêner. Je sais bien que tu dois être content. J'ai trompé le podesta. J'ai donné un narcotique au lieu d'un poison. Tout le monde l'a crue morte. Elle n'était qu'endormie. Il y a là des chevaux tout prêts. Des habits d'homme pour elle. Partez tout de suite. En trois heures vous serez hors de l'Etat de Venise. Soyez heureux. Elle est déliée. Morte pour le podesta. Vivante pour toi. Trouves-tu cela bien arrangé ainsi?
RODOLFO. — Catarina!... Tisbe!...

Il tombe à genoux, l'œil fixé sur la Tisbe expirante.

LA TISBE, *d'une voix qui va s'éteignant.* — Je vais mourir, moi. Tu penseras à moi quelquefois, n'est-ce pas? et tu diras : Eh bien, après tout, c'était une bonne fille, cette pauvre Tisbe. Oh! cela me fera tressaillir dans mon tombeau! Adieu! — Madame, permettez-moi de lui dire encore une fois mon Rodolfo! Adieu, mon Rodolfo! Partez vite à présent. Je meurs. Vivez. Je te bénis!

Elle meurt.

FIN D'ANGELO.

NOTES

NOTE I.

L'auteur l'a dit ailleurs : *Confirmer ou réfuter des critiques, c'est la besogne du temps.* C'est pour cela qu'il s'est toujours abstenu et qu'il s'abstiendra toujours de toute réponse aux diverses objections qui accueillent d'ordinaire à leur apparition les ouvrages, d'ailleurs si incomplets, qu'il publie ou qu'il fait représenter. Il ne veut pas cependant qu'on suppose que, s'il se tait, c'est qu'il n'a rien à dire; et pour prouver, une fois pour toutes, que ce ne sont pas les raisons qui lui manqueraient dans une polémique à laquelle sa dignité se refuse, il répondra ici, par exception et seulement pour donner un exemple, à l'une des critiques les plus radicales, les plus accréditées et les plus fréquemment répétées qu'*Angelo* ait eu à subir. La partie du public qui fait attention à tout se souvient peut-être qu'à l'époque où *Angelo* fut représenté, une des principales objections, sinon la principale, qu'éleva contre ce drame la critique parisienne presque unanime, avait pour base l'*invraisemblance* et l'*impossibilité* de ces corridors secrets, de ces couloirs à espions, de ces portes masquées, de ces clefs mystérieuses, moyens absurdes et faux, disait-on, inventés par l'auteur, et non puisés dans les mœurs réelles de Venise, commodes pour faire jaillir de quelques scènes un effet mélodramatique, et non la vraie terreur historique, etc. — Or, voici ce qu'on lit dans Amelot, *Histoire du Gouvernement de Venise*, tome I, page 245 :

« Les inquisiteurs d'État font des visites nocturnes dans « le palais de Saint-Marc, où ils entrent et d'où ils sor- « tent par des endroits secrets dont ils ont la clef ; et il « est aussi dangereux de les voir que d'en être vu. Ils « iraient, s'ils voulaient, jusqu'au lit du doge, entrerraient « dans son cabinet, ouvriraient ses cassettes, feraient son « inventaire et sans que ni lui ni toute sa famille osât té- « moigner de s'en apercevoir. »

Qu'ajouter après cela ?

Observons en passant que cette jalouse et insolente puissance de l'espionnage n'est pas une chose nouvelle dans l'histoire. Toutes les tyrannies aboutissent à se ressembler. Un despote vaut une oligarchie. Tibère vaut Venise. *Præcipua miserarium pars*, dit Tacite, *erat videre et aspici*.

L'auteur, appuyé, à défaut de talent, sur des études sérieuses, pourrait démontrer par des preuves non moins concluantes la réalité de tous les autres aspects historiques de ce drame, et ce qu'il dit pour *Angelo*, il pourrait le dire pour toutes ses pièces. Selon lui, les œuvres de théâtre doivent toujours être, par les mœurs, sinon par les événements, des œuvres d'histoire. A ceux qui, non sans quelque étourderie ou sans quelque ignorance, reprochent à ses drames italiens l'usage et, ajoute-t-on communément, l'abus du poison, il pourrait faire lire, par exemple, entre autres choses curieuses, cette page du Voyage de Burnet, évêque de Salisbury :

« Une personne de considération m'a dit qu'il y avait à « Venise un empoisonneur général qui avait des gages, « lequel était employé par les inquisiteurs pour dépêcher « secrètement ceux dont la mort publique aurait pu causer « quelque bruit. Il me protesta que c'était la pure vérité, « et qu'il le tenait d'une personne dont le frère avait été « sollicité de prendre cet emploi. »

M. Daru, qui avait été au fond des documents dans lesquels l'auteur a tâché de ne pas fouiller moins avant que lui, dit au tome VI de son Histoire, page 219 :

« C'était une opinion répandue dans Venise que, lorsque « le baile de la république partait pour Constantinople, on « lui remettait une cassette et une boîte de poisons. Cet « usage s'était perpétué, dit-on, jusqu'à ces derniers « temps ; non qu'il faille en conclure que l'atrocité des « mœurs était la même, mais les formes de la république « ne changeaient jamais. »

Enfin, l'auteur ne croit pas inutile de terminer cette longue note par quelques extraits étranges et authentiques de ces célèbres *Statuts de l'inquisition d'État*, restés secrets jusqu'au jour où la République française, en dissolvant par son seul contact la république vénitienne, a soufflé sur les poudreuses archives du Conseil des Dix, et en a éparpillé les mille feuillets au grand jour. C'est ainsi qu'est venu mourir en pleine lumière ce code monstrueux, qui, depuis trois cent cinquante ans, rampait dans les ténèbres. Éclos dans l'ombre à côté du fatal doge Foscari en 1454, il a expiré sous les huées de nos caporaux en 1797. Nous recommandons aux esprits réfléchis ces extraits pleins d'explications et d'enseignements. C'est dans ces sombres *statuts* que l'auteur a puisé son drame ; c'est là que Venise puisait sa puissance. *Dominationis arcana.*

STATUTS DE L'INQUISITION D'ÉTAT.

(12 juin 1454.)

....
6° Sia procurado dà noi, e dà nostri successori de haver più numero de raccordanti che sia possibile tanto del ordene nobile quanto de' cittadini, e popolari, come anco de' religiosi.
....
12° Per haver questa intratura se puol servire de qualche racordante religioso ò de qualche zudio, che sono persone che facilmente trattano con tutti.
....
16° Se occoresse che per il nostro magistrato se dovesse dar la morte ad alcun, non se faccia mai dimostracion pubblica, mà questa secretamente si adempisca, co mandarlo ad annegar in canal Orfano di notte tempo.
....
28° Se qualche nobile nostro venisse ad avvertirci de esser sta tentado per parte de alcun ambassador, sia procurado che el continua la pratica, tanto che se possa concertar de mandar a retenir la persona in fragrante, e quando se possa in quello istante verificar el dito di quel nobile nostro, quella persona sia mandata subito ad annegar, mentre però non sia l'ambassador istesso et anco il suo secretario, perchè ij altri so può finzer de non conoscerli.
29°..... E quando non se possa far altro, ij siano fatta ammazzar privatamente.
....
40° Sia procurado del magistrato nostro di aver raccordanti, non solo in Venetia, mà anco nelle nostre città principali, massime de confin, li quali doi volte l'anno debbano personalmente comparir al tribunal, per referir se li rettori nostri havessero qualche commercio con i principi confinanti, come anco altri particolari importanti circa i loro portamenti. E quando se intendesse cosa alcuna contro il stato, sia provisto da noi vigorosamente.

....
6° Le tribunal aura le plus grand nombre possible d'observateurs choisis, tant dans l'ordre de la noblesse que parmi les citadins, les populaires et les religieux.
....
12° On fera faire les ouvertures par quelque moine ou par quelque juif, ces sortes de gens s'introduisant partout.
....
16° Quand le tribunal aura jugé nécessaire la mort de quelqu'un, l'exécution ne sera jamais publique. Le condamné sera noyé secrètement, la nuit, dans le canal Orfano.
....
28° Si quelque noble vénitien révèle au tribunal des propositions qui lui auraient été faites de la part de quelque ambassadeur, il sera autorisé à continuer cette pratique; et, quand on aura acquis la certitude du fait, l'agent intermédiaire de cette intelligence sera enlevé et noyé, pourvu que ce ne soit ni l'ambassadeur lui-même ni le secrétaire de la légation, mais une personne que l'on puisse feindre de ne pas connaître.
29°..... On emploiera tous les moyens pour l'arrêter, et si, enfin, on ne peut faire autrement, on le fera assassiner secrètement.
....
40° Il y aura des surveillants, non-seulement à Venise, mais encore dans les principales villes de l'Etat, et principalement sur les frontières, lesquels devront se présenter en personne deux fois l'an devant le tribunal, pour y déclarer s'il est à leur connaissance que les gouverneurs, ou d'autres personnages marquants, aient quelques intelligences avec les princes voisins, ou qu'ils se conduisent mal. Au moindre avis de quelque désordre nuisible au service public, le tribunal y remédiera avec vigueur.

AGGIONTA FATTA AL CAPITOLARE DELLI INQUISITORI DI STATO.

1° Siano incaricati tutti li raccordanti, di qual si voglia condition, ad invigilar a questa sorte di discorsi, et di tutti darne parte al magistrato nostro, e doveremo noi e li successori nostri, in ogni tempo che ciò succeda, far chiamar quelli che havessero havuto hardimento di proferir concetti si licentiosi, e farli risoluta ammonition che mai più ardiscano proferir cose simili in pena della vita; e quando pure se facessero tanto licentiosi e disobedienti di rinovar questi discorsi, provata che sia giudiciaramente, ò vero estragiudiciaramente la recità, siano con ogni prestezza mandato uno ad annegar per esempio dell' attri, accio se estirpi a fatto questa arroganza.

3° A tra questi che vivono più presenti scielierne uno che habbi conditione di buon zelo verso la patria, di ingegno habile à maneggiare un negocio, e bisogno di migliorare le sue fortune, come sarebbe in questa consideratione per esempio un vescovo di titolo. Scelta che sij la persona, fare che con ogni riguardo s'abbochi prima con alcuno di noi inquisitori, et per ultimo con tutti tre; et à questo prelato restri offerito un premor sicuro di cento ducati al mese.

17° Si anco in avvantaggio scritto all' ambasciador nostro in Spagna, che applichi l'ingegno per contaminare alcun huomo della nacione loro; acciò fingendo qualche negocio particolari in Italia, si porti in Venetia, et con lettere di raccommandatione di alcun soggetto autorevole di quei contorni, procuri adito et hospitio in casa dell' ambasciadore Spagnuolo residente appresso di noi, ove fermandosi qualche tempo, come forestiere, non dara sospetto alcuno alla corte, e ne meno ad altri che pratticassero nella medesima, col supposto di essere persona sconosciuta, e applicato solo à servigio particulari; in tal modo potrebbe questo tale referire tutti li andamenti della corte stessa à chi sarà poi appostato da noi.

SUPPLÉMENT AUX CAPITULAIRES DES INQUISITEURS D'ÉTAT.

1° Les surveillants de toutes conditions sont chargés d'écouter attentivement et de rapporter au tribunal les discours absurdes qui pourraient mettre le trouble dans la République. Il est arrêté que, dans toute occurrence semblable, ceux qui auraient proféré des paroles si audacieuses seront mandés; on leur intimera l'ordre de ne pas se permettre de pareils discours, sous peine de la vie; et s'ils étaient assez hardis pour recommencer, et qu'on pût en acquérir la preuve judiciaire ou extra-judiciaire, on en ferait noyer un pour l'exemple.

3° Parmi les prélats qui résident plus habituellement à Venise, on en choisira un dont le zèle pour la patrie soit bien connu, l'esprit habile à manier les affaires, et la fortune assez médiocre pour qu'il ait besoin de l'augmenter, comme pourrait être un évêque de titre (in partibus). Le choix fait, un des inquisiteurs d'abord, et ensuite les trois, s'aboucheront avec ce prélat pour lui offrir un traitement de cent ducats par mois (afin d'en faire un espion).

17° Il sera écrit à l'ambassadeur de la République en Espagne de chercher un homme de cette nation qui, sous le prétexte de ses affaires particulières, fasse un voyage en Italie, et, arrivé à Venise avec des lettres de recommandation de personnes considérables de son pays, se procure un accès facile chez l'ambassadeur espagnol résidant auprès de nous. Cet étranger s'y fixera pendant quelque temps, sans être suspect ni au ministre ni aux autres habitués de la cour, parce qu'il passera pour n'être point au courant des affaires et occupé uniquement des siennes; il pourra, par conséquent, observer facilement tout ce qui se passe dans le palais de l'ambassadeur, et communiquer ses observations à un agent que nous aurons aposté près de lui.

28° Formato il processo, et conosciuto in conscienga che sij reo di morte, s'operi con puntualissimo riguardo che alcun carcerio, mostrando affetto di guadagno, le oferisca modo di romper la carcere, et di notte tempo fugirsi, et il giorno attendente alla fuga le sij nel cibo dato il veleno, che operi come insensibilmente et non lassi segno di violenza : in tal modo sarà suplito al riguardo publico et al rispetto privato, et sarà uno stesso in fine della giustitia, perchè il viaggio un poco più longo, ma più sicuro.

28° Si l'instruction du procès donne la conviction de la culpabilité du détenu et le fait juger digne de mort, on aura soin que quelque geôlier, feignant d'avoir été gagné pour de l'argent, lui offre les moyens de s'enfuir la nuit, et, la veille du jour où il devra s'évader, on lui fera donner parmi ses aliments un poison qui n'agisse que lentement et ne laisse point de trace; de cette manière, on n'offensera pas le regard public et le respect privé, et le but de la justice sera atteint par un chemin un peu plus long, mais plus sûr.

la troisième journée, explique aux prêtres le blason des Bragadini, il devrait dire : la *croix de gueule* et non la *croix rouge*. Espérons qu'un jour un seigneur vénitien pourra dire tout bonnement sans péril son blason sur le théâtre. C'est un progrès qui viendra. A l'heure qu'il est, il n'est guère permis à un gentilhomme de se targuer sur le théâtre d'autre chose que d'un champ d'*azur*. *Sinople* ne serait pas compris; *gueules* ferait rire; *azur* est charmant.

Pour tout ce qui regarde la mise en scène, MM. les directeurs de province ne peuvent mieux faire que de se modeler sur le Théâtre-Français, où la pièce a été montée avec un soin extrême. Ajoutons que la pièce est jouée, dans ses moindres détails, avec un ensemble et une dignité qui rappellent les plus belles époques de la vieille Comédie-Française. M. Provost a reproduit avec une fermeté sculpturale le profil sombre et mystérieux d'Homodei. M. Geffroi réalise avec un talent plein de nerf et de chaleur ce Rodolfo mélancolique et violent, passionné et fatal, frappé comme homme par l'amour, comme prince par l'exil. M. Beauvallet, qui peut mettre une belle voix au service d'une belle intelligence, a posé puissamment la figure haute et sévère de cet Angelo, tyran de la ville, maître de la maison. La création de ce rôle place pour tout le monde M. Beauvallet au rang des meilleurs acteurs qu'il y ait au théâtre en ce moment. Quant à mademoiselle Mars, si charmante si spirituelle, si pathétique, si profonde par éclairs, si parfaite toujours ; quant à madame Dorval, si vraie, si gracieuse, si pénétrante, si poignante, que pourrions-nous en dire après ce que dit, au milieu des bravos, des acclamations, des applaudissements et des larmes, cette foule immense et émerveillée qu'éblouit chaque soir le choc étincelant des deux sublimes actrices?

NOTE II.

Note qui accompagnait les premières éditions.

La loi d'optique du théâtre, qui oblige souvent à ne présenter que des raccourcis, surtout vers les dénoûments, exige impérieusement que le rideau tombe au mot : *l'ar moi, pour toi!* La vraie fin de la pièce n'est pourtant pas là, comme on peut s'en convaincre en lisant. Il est évident aussi que lorsque Angelo Malipieri, à la première scène de

FIN DES NOTES D'ANGELO.

PROCÈS

D'ANGELO ET D'HERNANI

Comme *le Roi s'amuse*, *Hernani*, *Marion de Lorme* et *Angelo* ont eu leur procès. Au fond, c'est toujours la même affaire. Contre *le Roi s'amuse*, c'était une persécution littéraire cachée sous une tracasserie politique; contre *Hernani*, *Marion de Lorme* et *Angelo*, c'était une persécution littéraire cachée sous des chicanes de coulisse. Il faut le dire, nous sentons quelque hésitation et quelque pudeur en prononçant ce mot ridicule : *persécution littéraire*, car il est étrange qu'au temps où nous vivons, les préjugés littéraires, les animosités littéraires, les intrigues littéraires aient encore assez de consistance et de solidité pour qu'on puisse, en les amoncelant, en faire une barricade devant la porte d'un théâtre.

L'auteur a dû briser cette barricade. Censure littéraire, interdit politique, empêchements de coulisses, il a dû faire solennellement justice et des motifs secrets et des prétextes publics. Il a dû traîner au grand jour et les petites cabales et les grosses haines. La triple muraille des coteries, depuis si longtemps maçonnée dans l'ombre, se dressait devant lui, il a dû ouvrir dans cette muraille une brèche assez large pour que tout le monde y pût passer.

Si peu de chose qu'il soit, cette mission lui était donnée par les circonstances; il l'a acceptée. Il n'est, et il le sait, qu'un simple et obscur soldat de la pensée; mais le soldat a sa fonction comme le capitaine. Le soldat combat, le capitaine triomphe.

Depuis quinze ans qu'il est au plus fort de la mêlée, dans cette grande bataille que les idées propres à ce siècle soutiennent si fièrement contre les idées des autres temps, l'auteur n'a d'autre prétention que celle d'avoir combattu.

Quand les vainqueurs se compteront, il sera peut-être parmi les morts. Qu'importe! on peut à la fois être mort et vainqueur.

Qu'on ne s'étonne donc pas si, au milieu de ce procès, l'affaire étant déjà engagée, il s'est levé tout à coup, et a parlé. C'est qu'il venait d'en sentir subitement le besoin; c'est qu'il venait d'apercevoir soudain, au tournant de la plaidoirie de ses adversaires, un grand intérêt de morale publique et de liberté littéraire qui le sollicitait d'élever la voix; c'est qu'il venait de voir surgir brusquement la question générale du milieu de la question privée. Et il fera toujours ainsi.

En quelque situation de la vie que le devoir vienne le saisir à l'improviste, il suivra le devoir.

Ce procès sera un jour de l'histoire littéraire; non, certes, à cause des trois pièces quelconques qui en étaient l'occasion, mais à cause du procès lui-même, à cause des révélations étranges qui en ont jailli, à cause de la lumière qu'il a jetée dans certaines cavernes, à cause des théâtres dont il a dévoilé les plaies, à cause de la littérature dont il a consacré les droits, à cause du public dont il a si profondément éveillé l'attention et remué la sympathie.

Ce que nous avons fait pour *le Roi s'amuse*, nous le faisons pour *Hernani*. Nous joignons le procès au drame, la lutte à l'œuvre. Désormais, aucune édition ne sera complète si ce procès n'en fait partie.

Nous imprimons les quatre audiences devant les deux juridictions d'après la *Gazette des Tribunaux*, qui les a fidèlement rapportées. Il y aura toujours dans cette lecture, nous le pensons, plus d'un genre d'enseignement et plus d'un genre d'intérêt. Il est bon que le public qui viendra après nous puisse savoir un jour, si par hasard les pages que nous écrivons arrivent jusqu'à lui, à quelles aventures les tragédies étaient exposées au dix-neuvième siècle.

Et maintenant que l'auteur a expliqué toute sa pensée, qu'il lui soit permis de remercier ici, pas en son nom, mais au nom de la littérature entière, les juges consulaires dont l'admirable bon sens a si bien compris que dans une petite question il y en avait une grande, et que dans l'intérêt du poëte il y avait l'intérêt de tout le monde.

Qu'il lui soit permis de remercier la cour souveraine, dont l'austère équité s'est si complètement associée à la probité intelligente des premiers juges.

Qu'il lui soit permis de remercier enfin le jeune et hono

rable avocat pour lequel cette cause n'a été qu'un continuel triomphe, M. Paillard de Villeneuve, esprit incisif et noble cœur, beau talent dans lequel toutes les qualités ingénieuses et fines se corrigent et se complètent par toutes les qualités élevées et généreuses.

20 décembre 1837.

TRIBUNAL DE COMMERCE DE LA SEINE

(PRÉSIDENCE DE MONSIEUR PIERRUGUES.)

Audience du 6 novembre.

MONSIEUR VICTOR HUGO CONTRE LA COMÉDIE-FRANÇAISE.

Un public nombreux, et qui se compose en grande partie d'hommes de lettres et d'acteurs, est réuni dans la salle d'audience du Tribunal de commerce. Monsieur Victor Hugo, est assis au barreau.

Me Paillard de Villeneuve, avocat de monsieur Victor Hugo expose ainsi la demande :

« Monsieur Victor Hugo demande que la Comédie-Française soit condamnée vis-à-vis de lui en des dommages-intérêts pour n'avoir pas représenté les ouvrages dont il est auteur : il demande, en outre, pour l'avenir, que vous ordonniez, sous une sanction pénale, la représentation de ces ouvrages.

« De son côté, la Comédie-Française vient lutter contre l'exécution des obligations qu'à trois reprises différentes elle a consenties, et que depuis cinq ans elle a constamment méconnues. Est-ce à dire que monsieur Victor Hugo soit un de ces hommes qui, pour s'imposer à la solitude d'un théâtre, ont besoin de se placer sous la sauvegarde d'un mandement de justice? Est-ce à dire que la Comédie-Française, dans cette lutte qu'elle soutient contre ses propres engagements, puisse s'en excuser par les sacrifices qu'ils lui imposeraient et rejeter en quelque sorte sur le public lui-même la solidarité d'une résistance et d'un abandon dont il se rend complice? Non, telle n'est pas, de part ni d'autre, la position des parties ; et nos adversaires eux-mêmes n'essayeront pas, à cet égard, de vous donner le change.

« Monsieur Victor Hugo est un de ceux auxquels la Comédie-Française doit ses plus brillants et ses plus profitables succès, un de ceux que, dans ses moments de détresse, elle vient supplier de songer à elle, et autour desquels la foule se presse encore avec un avide enthousiasme.

« Ces engagements, contre lesquels le théâtre vient plaider aujourd'hui, c'est lui-même qui les a sollicités. Il savait, il sait encore, qu'il n'y a pour lui aucun péril à s'y soumettre ; et ce n'est pas là une des moindres bizarreries de cette cause qu'à côté de l'intérêt privé de monsieur Hugo se trouve aussi l'intérêt de la Comédie-Française.

« Quel est donc le mot de ce procès? Quelle circonstance nous a donc fait à tous deux cette étrange position ?

« C'est ici, messieurs, que la cause prend un caractère de généralité qui l'élève au-dessus des intérêts d'un débat privé et qui la recommande puissamment à vos méditations.

« Au fond de tout cela, en effet, il y a une question de liberté littéraire, une question de monopole théâtral. Il s'agit de savoir si un théâtre que l'État subventionne, qui vit aux dépens du budget, doit être ouvert à tous, ou s'il n'est que le monopole exclusif de quelques-uns; s'il est dévolu à tel système dramatique plutôt qu'à tel autre, et si des engagements cessent d'être sacrés parce qu'ils peuvent blesser ce qu'on appelle des scrupules littéraires. Bizarre position que celle-là, qui semble nous rejeter au temps où les arrêts de la justice venaient prêter main forte aux enseignements d'Aristote : mais cette position, ce n'est pas nous qui l'avons faite, et vous l'allez voir se développer avec chacun des faits de ce procès.

« A l'époque où monsieur Victor Hugo composa *Marion de Lorme* et *Hernani*, deux systèmes littéraires se trouvaient en présence.

« Les uns, admirateurs exclusifs du passé, n'imaginaient pas que l'esprit humain pût aller à côté ni au delà ; dans leur impuissance de produire, ils s'étaient dévoués à n'être que d'inhabiles imitateurs, et s'étaient condamnés à tou-

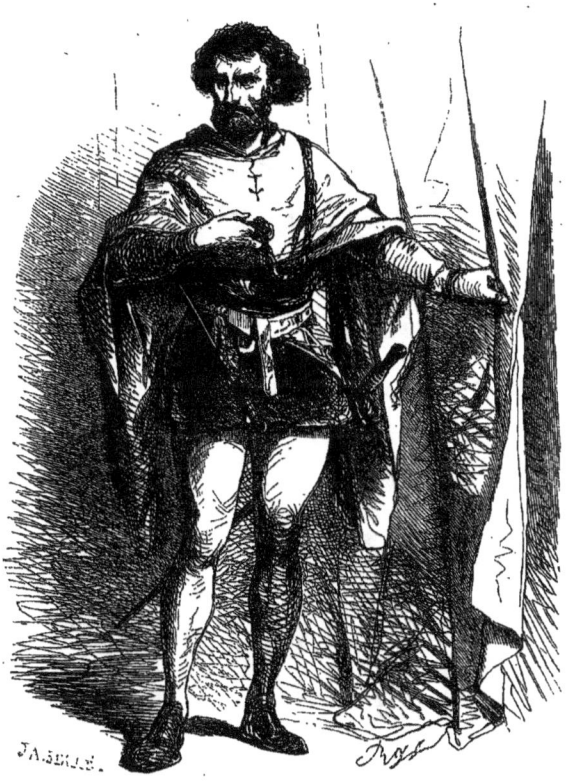

Angelo.

ner perpétuellement autour d'un grand siècle dont ils s'étaient faits les pâles satellites.

« D'autres, jeunes, ardents, consciencieux, et à leur tête monsieur Victor Hugo, avaient cru, au contraire, que, tout en admirant les chefs-d'œuvre du passé, il pouvait y avoir une nouvelle carrière à frayer : ils s'étaient dit que, dans les arts comme dans la politique, dans la morale comme dans les sciences, chaque époque devait avoir une mission qui lui fût propre; qu'à des mœurs nouvelles, qu'à des besoins nouveaux, il fallait de nouvelles formes, de nouveaux aliments; ils avaient pensé enfin que notre siècle n'était pas tellement déshérité qu'il dût n'être qu'un écho du passé, et qu'il ne pût avoir, lui aussi, son cachet original, son horizon de gloire et d'immortalité.

« Qui se trompait? Qu'importe!

« A tous la carrière était ouverte : l'opinion publique était là pour voir et pour juger

« Vous vous rappelez ces luttes si vives, si acharnées, qui éclatèrent alors. On attendait avec impatience que la scène française fût enfin ouverte à ce qu'on appelait la nouvelle école.

« Mais cette épreuve devait, à ce qu'il parait, effrayer ceux qui jusqu'alors étaient en possession de cette scène, qu'ils regardaient comme inféodée à eux seuls, et il fallut à tout prix fermer à de hardis novateurs le seul théâtre sur lequel ils pussent se rencontrer avec leurs adversaires.

« C'est alors que commença à se manifester contre monsieur Victor Hugo, et contre ce qu'on appelle son école, cette série d'intrigues, qui depuis n'ont cessé de l'envelopper, qui pendant sept années l'ont poursuivi, harcelé, et dont enfin sa patience lassée vient vous demander aujourd'hui réparation.

« C'était dans le mois de mars 1829 : une pétition fut adressée au Roi; elle était signée par sept académiciens,

Rodolfo.

fournisseurs habituels du Théâtre-Français, vieux débris de cette littérature impériale qui se vantait d'avoir eu des parterres de rois, et qui, dans son orgueilleuse naïveté, se figurait ne devoir qu'à son génie l'éclat éphémère qu'avait rejeté sur elle son public couronné.

« Cette pétition demandait que le Théâtre-Français fût fermé aux productions de l'école nouvelle; et que, notamment, les représentations d'*Hernani* fussent interdites. Vous savez, messieurs, la réponse que fit le roi Charles X à ces singuliers pétitionnaires.

« En fait de littérature, leur dit-il, je n'ai, comme cha-
« cun de vous, messieurs, que ma place au parterre. »

« Et *Hernani* obtint cinquante représentations consécutives.

« Ce furent pour le théâtre les recettes les plus brillantes.

« Lorsque survint la Révolution de juillet et avec elle l'abolition de la censure, le Théâtre-Français voulut reprendre *Marion de Lorme*. Monsieur Victor Hugo s'y opposa.

« Celui que tout à l'heure on vous représentera peut-être comme un auteur insatiable ne voulut pas consentir aux représentations qu'on sollicitait de lui. *Marion de Lorme* avait été interdite par la censure comme pouvant être attentatoire par allusion à la majesté royale : il y avait pourtant alors une réaction favorable au succès, à l'enthousiame...

« Mais monsieur Victor Hugo n'est pas de ceux qui pensent que le scandale est une bonne chose quand il peut se résoudre en applaudissements et en droits d'auteurs. Il se rappela que la dynastie déchue avait droit à cette compassion respectueuse que tout homme de cœur doit à des proscrits, et qu'il ne lui convenait pas, à lui, de spéculer un succès sur l'effervescence qui alors se ruait contre Charles X, et sur des allusions auxquelles il n'avait jamais songé. Il se borna à demander à la Comédie-Française la reprise d'*Hernani*.

« Mais les intrigues dont vous avez vu le germe dans la pétition de 1829 se réveillèrent, et il fut impossible d'obtenir cette reprise. »

Ici l'avocat passe en revue les différents traités qui ont été passés entre monsieur Victor Hugo et la Comédie-Française.

Le premier, du 12 août 1832, relatif au drame célèbre intitulé *le Roi s'amuse*, stipulait qu'*Hernani* serait repris en janvier 1833. Ce premier traité fut violé.

Un second intervint le 10 avril 1835, à l'occasion d'*Angelo*, et il fut stipulé qu'*Hernani* et *Marion de Lorme* seraient repris dans le courant de l'année.

Cette double clause fut encore violée, malgré les vives réclamations de monsieur Hugo.

Enfin, un troisième engagement de monsieur Védel, du 12 avril 1837, relatif à la reprise d'*Angelo* et d'*Hernani*, est encore inexécuté. Le défenseur, rappelant les divers arrêtés de censure pris contre *le Roi s'amuse* et *Antony*, rapprochant les motifs des arrêtés de la pétition de 1829 et des discussions littéraires qui s'élèvent chaque année dans les chambres à l'occasion du budget du Théâtre-Français et de la menace faite, à plusieurs reprises, de retirer au Théâtre-Français une subvention qu'il profane au contact des novateurs littéraires, s'attache à démontrer que tous ces actes se lient à un système général de monopole et d'exclusion contre une doctrine littéraire qui blesse certaines répugnances et porte ombrage à certaines célébrités.

« Quel serait, en effet, continue le défenseur, le motif de cette violation perpétuelle des contrats? un intérêt d'argent, une question de recettes. A cela nous répondrons, chiffres en main, que les recettes de monsieur Victor Hugo sont égales, supérieures à celles que le théâtre considère comme les plus fructueuses, celles de mademoiselle Mars. Ainsi la moyenne des 85 représentations de monsieur Hugo est de 2,914 francs 25 centimes. La moyenne de mademoiselle Mars dans l'hiver de 1835 est de 2,618 francs.

« Faut-il d'autres preuves de ce système dont je vous parlais? Pourquoi ne pas vous les donner encore? car ici, monsieur Hugo ne parle pas seulement au nom de son intérêt privé, il parle au nom de tous ceux qui marchent avec lui dans la même carrière, au nom d'une question d'art et de liberté théâtrale; et il faut bien que vous sachiez jusqu'où peut aller l'abus contre lequel nous venons protester aujourd'hui.

« Parmi les hommes que la faveur publique accompagne de son estime et de ses applaudissements, mais qui ne se rencontrent pas avec monsieur Victor Hugo dans les mêmes voies littéraires, et qui ne sont pas comme lui sous l'embargo censorial, il en est deux surtout, au talent, à l'habileté desquels plus que personne nous rendons hommage, dont les succès ont été grands et le sont encore. Certes, ce n'est pas d'eux que nous vient la position qui nous est faite.

« L'exclusion qui pèse sur certains auteurs, qui les repousse malgré des engagements sacrés, est loin de leur pensée; et si un monopole en découle, ils le subissent plutôt qu'ils ne le préparent.

« Je suis convaincu même que les deux personnes dont je parle ne se sont point encore aperçues de tout cela. Je veux seulement montrer que la Comédie-Française ne tend à rien moins qu'à déshériter de sa publicité tous ceux dont les doctrines ne sympathisent pas avec la littérature officielle qui lui est imposée. »

L'avocat met sous les yeux du tribunal une statistique des diverses représentations du Théâtre-Français, et il examine dans quelle position se trouvent les quarante ou cinquante auteurs dont les ouvrages sont au répertoire.

Voici un extrait de ce curieux document, qui excite quelques marques d'étonnement dans l'auditoire.

« En 1834, sur 362 représentations, et déduction faite des représentations du vieux répertoire, les deux auteurs dont il s'agit en obtiennent 180; pour tous les autres auteurs il ne reste que 45 jours.

« En 1835 et 1836, ces deux auteurs ont 113, 115 jours, tous les autres n'ont que 50 et 54 jours.

« Enfin, du 1er janvier 1837 jusqu'à ce moment, ces deux auteurs ont obtenu 112 représentations; 34 seulement ont été accordées aux autres. »

Après avoir fait ressortir tout ce qu'il y a de grave dans un pareil abus, de la part d'un théâtre que son institution même doit ouvrir à tous les travaux, à tous les succès, après avoir ajouté d'ailleurs que rien ne serait plus légitime que de jouer souvent des auteurs qui réussissent beaucoup, à la condition seulement de ne pas exclure d'autres auteurs qui ne réussissent pas moins, Me Paillard de Villeneuve arrive à l'examen des traités en eux-mêmes, et s'attache à justifier, dans une discussion lumineuse, les conclusions prises au nom de monsieur Victor Hugo.

« Cette cause, dit-il en terminant, ne vous offre-t-elle pas un étrange spectacle? Depuis huit années, malgré de nombreux et éclatants succès, malgré la foi due à des engagements sacrés, monsieur Hugo n'a pu s'ouvrir les portes de ce théâtre, sur lequel cependant il avait jeté quelque gloire; et, tandis que la Comédie-Française lutte ainsi pour le condamner au silence et à l'oubli, monsieur Victor Hugo pouvait voir ses œuvres traduites dans toutes les langues : il pouvait apprendre que sur les divers théâtres de l'Europe, à Londres, à Vienne, à Madrid, à Moscou, ses ouvrages étaient glorieusement représentés, couronnés d'applaudissements... C'est seulement en France, dans son pays, qu'il ne lui a pas été donné d'en entendre l'écho. »

Me Delangle, avocat de la Comédie-Française, prend la parole.

« Messieurs, dit-il, je ne m'attendais pas à voir la question placée sur le terrain que mon adversaire a choisi. Je ne voyais dans cette affaire qu'une question d'intérêt privé, qu'une appréciation d'actes, et non une question d'art, de monopole littéraire.

« N'attendez donc pas de moi que je suive l'avocat de monsieur Hugo dans la discussion qu'il vient d'entamer; qu'il me suffise de vous dire que notre adversaire est assez mal venu dans ses plaintes et ses récriminations; car, sur six drames dont l'illustre poëte est auteur, quatre ont été reçus par l'administration de la rue Richelieu; trois, *Hernani, le Roi s'amuse, Angelo*, ont été joués par les comédiens français.

« Si *Marion de Lorme* n'a pas eu le même sort, il ne faut en attribuer la faute qu'au *veto* de la censure.

« En droit, les traités dont monsieur Victor Hugo réclame l'exécution sont entachés d'une nullité radicale. Effectivement, d'après un arrêté des consuls de nivôse an XIII, le décret impérial de Moscou et une ordonnance royale de 1816, l'administration de la compagnie qui exploite le Théâtre-Français ne peut engager cette même compagnie qu'autant que le conseil judiciaire a donné son approbation et le commissaire royal apposé son visa sur les traités.

« Sans doute, à l'époque où les règlements dont s'agit ont été rendus, la Comédie-Française était régie par des administrateurs qu'elle choisissait elle-même parmi ses sociétaires, et, depuis lors, la gérance a été confiée par l'autorité administrative à un directeur rétribué et qui n'a d'autre responsabilité que celle de ses faits personnels.

« Mais l'attribution de la gérance à un tiers, étranger à la société de la Comédie-Française, n'a dérogé en rien aux règlements antérieurs de cette société, règlements qui sont d'ordre public, et que nul n'est censé ignorer. Or, monsieur Victor Hugo a traité d'abord avec monsieur Desmousseaux, sociétaire-administrateur, et ensuite avec monsieur Jouslin de Lasalle, directeur, sans avoir obtenu le visa de monsieur le commissaire royal baron Taylor, ni l'approbation du conseil établi près de la Comédie-Française, indépendant de l'administration théâtrale, et qui se compose d'un avocat, d'un agréé, d'un notaire, d'un avoué, etc.

« Le demandeur est donc dans la même position que s'il avait traité avec un fils de famille en état de minorité, avec une femme mariée non assistée de son mari. Indépendamment de cette fin de non-recevoir insurmontable, il en existe d'autres encore.

« Ainsi, monsieur Victor Hugo n'a fait aucune mise en demeure, aucunes diligences pour obtenir l'exécution des prétendues obligations qu'on nous oppose aujourd'hui.

« Il y a plus : en admettant la validité des actes en eux-mêmes, que peut demander monsieur Hugo? rien évidemment, si nous démontrons qu'il n'a de son côté rempli aucune des conditions qui lui étaient imposées.

« Ainsi, d'après un des articles du décret que j'ai cité, « les auteurs sont tenus de distribuer *en double* tous les rôles de leurs ouvrages. » Or, à l'égard d'*Hernani*, monsieur Hugo ne l'a pas fait.

« Une première distribution fut faite en 1829; mais Michelot, qui remplissait le rôle de Charles-Quint, s'est retiré; mademoiselle Mars a renoncé au rôle de dona Sol. Depuis, monsieur Victor Hugo n'a fait aucune distribution nouvelle. »

M. VICTOR HUGO : « Vous vous trompez. La distribution a été faite en 1834. Elle est écrite sur les registres du théâtre, de la main même de monsieur Jouslin de Lasalle. Le rôle de Charles-Quint était donné à monsieur Ligier, qui me l'avait vivement demandé. »

M⁰ DELANGLE : « J'ignorais le fait. Mais, fût-il exact, il n'y aurait là qu'une distribution de rôles seulement aux chefs d'emploi, et non en double comme l'exige le décret.

« En effet, l'un est tout aussi important que l'autre; car, si le chef d'emploi est empêché, il faut qu'on puisse avoir le *double* tout prêt, pour que les représentations ne soient pas arrêtées tout à coup, au détriment des intérêts du théâtre.

« La nécessité d'une distribution de rôles *en second* a été reconnue formellement par la Cour royale dans l'affaire Vander-Burch.

« Relativement à *Angelo*, ajoute M⁰ Delangle, la Comédie-Française a accompli toutes ses obligations : elle a donné les dix représentations stipulées dans le traité de 1835, et, si elle a cru devoir interrompre les représentations de cet ouvrage, c'est qu'apparemment le public commençait à s'en éloigner, car la dernière recette ayant été au-dessous de 1,500 francs, somme à laquelle s'élèvent les frais de chaque jour, les règlements en autorisent le retrait.

« Quant à *Marion de Lorme*, la position de la Comédie-Française est également justifiée par les règlements du théâtre.

« Cet ouvrage fut, il est vrai, en 1829, soumis au comité de lecture du théâtre et reçu par acclamations.

« Vous savez que la censure en arrêta les représentations. En 1831, après l'abolition de la censure, la Comédie-Française voulut représenter cet ouvrage; mais monsieur Victor Hugo l'avait retiré et donné au théâtre de la Porte-Saint-Martin, pour lequel il avait alors une vive prédilection. Cette pièce fut donc soumise au public.

« Mais, que monsieur Victor Hugo me permette de le lui dire, car il est un de ces hommes dont le talent, dont le génie n'est méconnu de personne, et auxquels on peut dire la vérité, *Marion de Lorme* n'a pas eu un grand succès. »

M. VICTOR HUGO : « Elle a eu soixante-huit représentations. » (Mouvement.)

M⁰ DELANGLE : « Je n'en persiste pas moins dans ma pensée. » (On rit.)

« Cependant, je le sais, il fut convenu, dans le traité de 1835, que *Marion de Lorme* serait reprise; mais il était sous-entendu que cet ouvrage serait de nouveau soumis à l'approbation du comité de lecture. La réception de 1829 était considérée comme non avenue, par suite du retrait qu'en avait fait monsieur Hugo : c'était en quelque sorte une pièce nouvelle qui devait être soumise aux mêmes conditions.

« Or, tant que *Marion de Lorme* n'aura pas été soumise à la lecture, monsieur Victor Hugo ne peut réclamer l'exécution du traité. Est-il de ces auteurs qui doivent avoir à redouter une pareille épreuve? et comment nous expliquer son refus de s'y soumettre?

« Ainsi j'ai démontré qu'à l'égard de *Marion de Lorme* la Comédie-Française n'a aucune obligation à remplir tant que monsieur Hugo n'aura pas rempli les siennes.

« Pour *Angelo*, nous sommes dans les termes de l'équité,

de la loi, qui ne peuvent nous forcer à remplir un engagement préjudiciable.

« Enfin, quant à *Hernani*, si le tribunal croyait que le traité est valable et qu'il y a lieu d'en ordonner la représentation, nous demanderons un délai suffisant pour effectuer la reprise.

« Dans tous les cas, aucuns dommages-intérêts ne sauraient être accordés; car, d'une part, il n'y a pas eu de mise en demeure, et, d'autre part, monsieur Hugo n'a rempli aucune des obligations que de son côté il avait à exécuter. »

Me Paillard de Villeneuve réplique avec force et examine successivement les fins de non-recevoir apportées par la Comédie-Française. Quant à la nullité des traités pour défaut de capacité du directeur, l'avocat soutient que c'est là un moyen de mauvaise foi que le tribunal ne peut admettre.

Trois traités ont été faits par les divers directeurs : tant qu'il s'agissait d'obliger monsieur Hugo, on les trouvait capables d'agir, et leur prétendue incapacité n'est invoquée que lorsqu'il s'agit de leurs propres obligations.

L'avocat soutient d'ailleurs que les prétendues exigences du règlement de Moscou n'ont jamais été exécutées, pas plus en ce qui touche les droits du Comité d'administration que la nécessité de distribution des rôles en double, etc.

Après avoir discuté en droit la validité des traités, le défenseur établit qu'à l'égard d'*Hernani*, monsieur Hugo a fait tout ce qui dépendait de lui pour obtenir l'exécution du traité; et qu'à l'égard de *Marion de Lorme*, le traité de 1835 n'exige pas la nécessité d'une lecture qui n'a jamais lieu d'après les usages du théâtre pour les ouvrages déjà représentés.

L'avocat repousse ensuite le moyen qu'on cherche à tirer des recettes d'*Angelo* en reproduisant un état des chiffres auxquels elles se sont élevées, et qui donnent une moyenne de 2,300 francs. L'avocat termine en demandant une condamnation qui soit tout à la fois une réparation pour monsieur Hugo et un châtiment pour l'insigne mauvaise foi de la Comédie-Française.

Me Delangle insiste sur les arguments qu'il a déjà développés au nom du Théâtre-Français, et revient avec de nouveaux développements sur les fins de non-recevoir qui s'opposent à la demande de monsieur Victor Hugo.

Monsieur Victor Hugo se lève. (Vif mouvement de curiosité.)

« Messieurs, dit-il, je ne m'attendais pas à parler dans cette affaire. Mon avocat a complétement ruiné, dans son argumentation, tout à la fois si éloquente et si précise, l'étrange système adopté par l'avocat du Théâtre-Français, et s'il ne s'agissait que de moi dans ce procès, je ne prendrais pas la parole; mais ce n'est pas seulement de moi qu'il s'agit : c'est de la littérature dont la cause est en ce moment mêlée à la mienne. Je dois donc élever la voix. Parler pour son intérêt privé, c'est un droit ; j'aurais facilement renoncé à un droit ; parler pour l'intérêt de tous, c'est un devoir : je ne recule jamais devant un devoir.

« Et, en effet, messieurs, l'attitude que prend le Théâtre-Français dans cette affaire est un grave avertissement pour la littérature dramatique tout entière. Il y a là un système qu'il faut signaler, une leçon dont il importe que tous les auteurs prennent leur part. La loyauté de la Comédie-Française mérite d'être connue. Mettons-la au grand jour.

« De la singulière défense à laquelle le Théâtre-Français a eu recours il résulte deux choses

« La première, la voici : c'est que le directeur du Théâtre-Français est un homme double.

« Le directeur du Théâtre-Français a deux visages, l'un pour nous, auteurs, l'autre pour vous, tribunal.

« Le directeur du Théâtre-Français... (Ici monsieur Victor Hugo se retourne vers le barreau et dit : « Et je regrette de ne pas le trouver à cette barre pour confirmer mes paroles. Puis il continue) : Le directeur du Théâtre-Français a besoin de moi; il vient me trouver. Ses recettes baissent, me dit-il, il compte sur moi pour relever son théâtre; il me demande une pièce, il m'offre toutes les conditions que je pourrai désirer ; il me propose un traité; il a pleins pouvoirs; il est le directeur du Théâtre-Français. J'accepte. Je consens à donner la pièce qu'on me demande.

« Le directeur écrit le traité en entier de sa main ; je le signe, puis il le signe aussi. Voilà un engagement formel, complet, sacré, dites-vous. Non, messieurs, c'est une tromperie.

« Vous l'avez entendu, je ne l'invente pas, c'est l'avocat du théâtre qui vous l'a dit lui-même, le directeur, qu'il s'appelle Védel ou Jouslin de Lasalle, peu importe, le directeur n'avait pas qualité pour traiter ; le directeur est venu chez moi sachant cela ; et pourquoi est-il venu chez moi ? pour traiter avec moi.

« J'étais de bonne foi, moi auteur ; lui directeur mentait et me trompait. Il y avait derrière lui un décret de Moscou, un règlement des consuls, une ordonnance de 1816, que sais-je! J'ignorais ce décret, ce règlement, cette ordonnance.

« Le directeur savait que je l'ignorais, il a profité de mon ignorance.

« Grâce à mon ignorance, il a obtenu de moi des pièces pour lesquelles d'autres théâtres me faisaient des offres sincères. Quoique sans pouvoir pour traiter, il a traité avec moi, il m'a trompé, dis-je, et, vous venez de l'entendre, c'est de cela que la Comédie-Française se vante.

« Qu'est-il arrivé? Moi, auteur, j'ai exécuté religieusement les conventions : j'ai donné aux époques convenues les pièces promises; le théâtre, lui, n'a été fidèle qu'à violer ses engagements : il les a violés trois fois de suite.

« J'ai eu beau réclamer, je ne sais si c'est là ce qu'on appelle *mettre à demeure*, j'ai eu beau réclamer, le théâtre n'a fait que des réponses évasives, le théâtre a éludé, le théâtre a promis, le théâtre m'a trompé et promené d'année en année par des commencements d'exécution. Bref, le théâtre n'a pas exécuté.

« Pourtant, je dois le déclarer, aucun directeur n'avait jamais osé me faire entrevoir même l'ombre de ce systême que l'avocat du théâtre vient d'exposer tout à l'heure, — exposer, c'est le mot — à la face de la justice.

« Après sept ans d'attente, de bons procédés, de patience, de silence, de graves dommages et dans mes ouvrages et dans mes intérêts, je me décide à en appeler aux tribunaux; j'ai recours à la protection de la loi, qui ne doit pas moins couvrir la propriété littéraire que les autres propriétés; j'appelle à votre barre, qui? le directeur du Théâtre-Français. Alors, qu'arrive-t-il? Messieurs, devant vous le directeur du Théâtre-Français s'évanouit.

« L'homme que j'ai vu, qui m'a écrit, qui m'a parlé, qui est venu chez moi, qui avait tout pouvoir, qui a traité et qui a signé, cet homme-là n'est plus qu'une ombre. C'est un être invalide, c'est un individu sans qualité; c'est un mineur.

Il a traité, c'est vrai, mais il ne pouvait pas traiter : il y a le décret de Moscou. Il a signé, c'est vrai, mais il ne devait pas signer : il y a le règlement des consuls. Il a donné sa parole, c'est vrai; mais comment ai-je pu croire à sa parole? c'est son avocat qui le dit. Voilà la défense du Théâtre-Français.

« N'avais-je pas raison de vous le dire en commençant, messieurs, le directeur du Théâtre-Français a deux visages.

« Ces deux visages sont deux masques : avec l'un on trompe les auteurs; avec l'autre on trompe la justice. (Sensation.)

« Encore une fois, messieurs, quand je dis le directeur du Théâtre-Français, je n'entends désigner personne, pas plus monsieur tel que monsieur tel. Ce n'est pas l'homme qui a occupé, qui occupe ou qui occupera la position de directeur que j'accuse; c'est la position elle-même, c'est cette situation ambiguë et inqualifiable que je vous signale. D'ailleurs, vous le voyez bien, le directeur du Théâtre-Français est une ombre qui échappe aux auteurs d'une part, et à la justice de l'autre.

« Ce qui résulte encore de la plaidoirie du théâtre, le voici : c'est que si vous êtes auteur, si vous avez produit à la Comédie-Française quatre-vingt-cinq recettes; si, en présence des frais du théâtre, qui sont de 1,500 francs par jour, ces recettes ont donné une moyenne de 2,914 francs, c'est-à-dire quatre-vingt-cinq fois 1,414 francs de bénéfice pour le théâtre, cela ne signifie rien, absolument rien. Il y a dans vos quatre-vingt-cinq représentations bien des recettes qui dépassent 3,000, 4,000, 5,000 francs; qu'importe! s'il s'en trouve dans le nombre une ou deux qui soient au-dessous de 1,500 francs, voilà celles que le théâtre déclarera, voilà celles qu'il dénoncera à la justice, et il poussera sur ses pertes de grands gémissements! En vérité, cela ne fait-il pas pitié?

« Je n'en dirai pas davantage sur ces chiffres, sur ces chicanes, sur ces misères. Je ne suivrai pas l'avocat du théâtre dans l'inextricable dédale d'arguties où il a essayé d'enfermer mon bon droit. Je dédaigne, messieurs, toute cette discussion qui est complétement inattendue pour moi, je le déclare, et que M. Védel désavouerait tout le premier, je l'espère pour lui, s'il était présent à cette audience... »

Mᵉ DELANGLE : « Je n'ai plaidé que d'après les instructions de mon client. »

M. VICTOR HUGO : « Je le crois, mais cela m'étonne, car je connais la loyauté de M. Védel; il m'est pénible de penser qu'il ait pu consentir à invoquer contre moi à l'audience des arguments dont il paraissait si éloigné dans ses conversations particulières.

« Il est un autre point, messieurs, je le dis en passant, sur lequel je m'étonne que l'avocat de la Comédie-Française n'ait pas de lui-même appelé votre attention. La moyenne des recettes d'*Hernani* est de 3,312 francs.

Mᵉ DELANGLE : « Je n'ai pas ce chiffre. »

M. VICTOR HUGO : « 3,312 francs, le chiffre est exact... et 12 centimes si vous le voulez absolument. » (Sourires.)

M. VICTOR HUGO, continuant : « Je n'ai plus qu'un mot à ajouter, messieurs; j'ai été de bonne foi dans cette affaire, la Comédie a été de mauvaise foi. Chose rare! c'est elle-même qui le déclare, et qui fait de sa mauvaise foi son système de défense. J'ai signé des traités qui étaient sérieux pour moi et que j'ai exécutés; les directeurs successifs du théâtre ont signé des traités qui étaient dérisoires pour eux et qu'ils ont violés.

« Ce théâtre a eu souvent besoin de moi; il est venu me trouver : je ne cite ici que des faits, des faits que personne n'ignore. Je lui ai rendu des services qu'il ne nie pas; il m'a répondu par des déceptions qu'il ne nie pas non plus.

« Vous êtes des juges d'équité, vous apprécierez cette façon d'agir et cette façon de se défendre.

« Vous apprendrez à ce théâtre, par une condamnation sévère, qu'il est immoral de faire des traités et de les faire invalides exprès pour pouvoir les violer ensuite.

« Vous briserez le monopole qui confisque ce théâtre au détriment de toute la littérature, à laquelle deux Théâtres-Français suffiraient à peine.

« Vous n'admettrez pas le système de la Comédie-Française par pudeur pour elle-même; vous lui apprendrez, puisqu'elle a besoin que la justice le lui apprenne, que la signature de ses directeurs est une signature valable, que la parole de ses directeurs est une parole sérieuse.

« Vous ne ferez pas à ces directeurs l'injure de leur donner gain de cause en déclarant leur signature nulle et leur parole menteuse.

« Et moi, messieurs, j'aurai à me féliciter de vous avoir donné une nouvelle occasion de prouver que vos jugements sont tout à la fois l'écho de vos consciences et l'écho de la conscience publique. »

Après cette brillante improvisation, qui est suivie d'un murmure général d'approbation, monsieur le président annonce que la cause est mise en délibéré pour le jugement être prononcé à quinzaine.

Audience du 20 novembre 1837.

Une foule nombreuse, impatiente de connaître le résultat de cette affaire, était encore réunie aujourd'hui dans l'enceinte du tribunal de commerce.

Voici le texte exact du jugement qui a été rendu, et qui, indépendamment des questions spéciales élevées sur la nature des divers traités invoqués par monsieur Hugo, pose d'importants principes en matière de littérature dramatique :

« Le tribunal, en ce qui touche les représentations d'*Hernani* :

« Attendu que, par les conventions verbales du 12 août 1832, Victor Hugo, d'une part; et, d'autre part, Desmousseaux, représentant la Comédie-Française, se sont engagés, le premier à livrer à la Comédie-Française un drame intitulé *le Roi s'amuse;* le second, à faire jouer le drame, et, de plus, à préparer la reprise d'*Hernani* pour le courant du mois de janvier 1833 ;

« Attendu que Victor Hugo a satisfait à cette convention par la livraison du drame *le Roi s'amuse*, tandis que la Comédie-Française s'est bornée à jouer ce drame et a négligé de remplir l'obligation relative à la reprise d'*Hernani;*

« Attendu qu'à la date du 25 janvier 1835, par un autre traité verbal intervenu entre Victor Hugo et Jouslin de Lasalle, alors directeur du Théâtre-Français, traitant au nom de la Comédie-Française, il a été stipulé de nouveau qu'*Hernani* serait repris, et ce dans les six mois qui suivraient le 10 avril lors prochain, sans que la Comédie-Française ait rempli ce nouvel engagement ;

« Attendu qu'il résulte de la correspondance entre Victor Hugo et Védel, directeur actuel du Théâtre-Français, que le 2 avril 1837 celui-ci s'est engagé à son tour à effectuer la reprise d'*Hernani*, et que ce troisième engagement n'a point reçu jusqu'à aujourd'hui l'exécution promise ;

« Que c'est à tort que l'on reproche à Victor Hugo de n'avoir point distribué, conformément aux règlements, les rôles d'*Hernani* en premier et en double, parce que, dans l'usage, cette distribution se fait de concert avec l'auteur et le directeur, et que, dans l'espèce, il y a eu une distribution de ces rôles ;

« En ce qui touche la représentation de *Marion de Lorme ;*

« Attendu que, dans le traité verbal ci-dessus mentionné entre Victor Hugo et Jouslin de Lasalle, Victor Hugo, en promettant de livrer à la Comédie-Française un nouveau drame intitulé : *Angelo* ou *Padoue en 1549*, ce qu'il a exécuté, a stipulé en sa faveur non-seulement qu'*Hernani* serait repris, mais encore que *Marion de Lorme* serait jouée deux fois au moins par la Comédie-Française, dans l'année, à compter du mois de novembre 1835, lors prochain ;

« Attendu que jusqu'à ce jour aucune diligence n'a été faite par la Comédie-Française pour représenter *Marion de Lorme ;* que si cette pièce, après avoir été reçue au Théâtre-Français en 1829, a été retirée et portée au théâtre de la Porte-Saint-Martin, où elle a eu soixante-huit représentations, on ne peut trouver dans cette circonstance un motif suffisant pour la Comédie-Française de se soustraire à ses obligations, puisque c'était longtemps après, et nonobstant les représentations de *Marion de Lorme* sur un autre théâtre, que Jouslin de Lasalle avait pris l'engagement de la faire jouer par la Comédie-Française ; que vainement on objecte contre Victor Hugo sa négligence à provoquer une lecture de *Marion de Lorme* devant le comité compétent ; que ce préliminaire, indispensable dans la nouveauté d'une œuvre dramatique, peut être omis dans l'espèce, puisque dès l'année 1828 *Marion de Lorme* a été lue et reçue au Théâtre-Français; qu'ailleurs il n'est pas sans exemple, à ce théâtre, que des pièces représentées d'abord sur d'autres scènes aient été jouées ensuite sur la scène française sans lecture préalable ;

« En ce qui touche la reprise d'*Angelo :*

« Attendu qu'il a été convenu entre Victor Hugo et Védel qu'*Angelo* serait repris et joué quinze fois au moins du 2 avril au 22 septembre 1837 ; que, malgré cette convention, *Angelo* n'a été représenté que cinq fois dans l'intervalle de temps susmentionné ; que la médiocrité de certaines recettes, dont on excipe pour justifier la négligence de la Comédie-Française, peut avoir eu pour cause des circonstances étrangères au mérite de la pièce ; que d'ailleurs, et quelles qu'en soient les causes, l'engagement est pris par Védel sans réserves ni restrictions, et que, s'il a fait un mauvais calcul, il n'en est pas moins obligé par son engagement, et ne peut ni ne doit en imputer qu'à lui-même les conséquences, surtout lorsque ces conséquences pèsent sur un théâtre subventionné par l'État ;

« Attendu que, si les diverses conventions verbales invoquées par Victor Hugo n'ont pas été accompagnées de l'approbation du commissaire royal attaché au théâtre, il est constant pour le tribunal que cette approbation n'était pas indispensable pour valider lesdites conventions ; que l'usage prouve qu'on ne s'y conforme pas toujours ;

« Attendu, d'ailleurs, que l'approbation est devenue superflue là où il y a eu exécution commencée, et que la Comédie-Française, ayant laissé exécuter les traités dont il s'agit dans la partie qui paraissait la plus favorable à ses intérêts, n'est que plus mal fondée à en invoquer la nullité lorsqu'il s'agit des clauses stipulées en faveur de l'auteur ;

« Attendu que, si Victor Hugo n'a pas mis la Comédie-Française en demeure d'accomplir ses obligations, il résulte des faits de la cause que des réclamations nombreuses ont été faites par lui dans ce but, et que d'ailleurs chacun des traités verbaux qui se sont succédé portent en eux-mêmes la preuve de l'inexécution des conditions imposées à la Comédie-Française; que dès-lors il n'y a lieu d'invoquer ni la nullité ni la péremption de ces traités, ni le défaut d'une mise en demeure par huissier;

« Attendu que la propriété littéraire, qui est le produit des plus nobles facultés de l'homme, doit trouver devant les tribunaux une protection équitable contre la violation des conventions où elle est intéressée;

« Attendu qu'il est digne d'un peuple qui doit à la culture du drame tragique et comique une de ses gloires les plus belles, d'ouvrir à tous les systèmes de littérature, à tous les talents, un théâtre national où ils puissent, à leurs risques et périls, se produire devant un public éclairé, et, par une lutte de gloire plutôt que d'argent, concourir tous ensemble à l'illustration des lettres françaises;

« Attendu que, par suite de l'inexécution de ses obligations, la Comédie-Française a causé à Victor Hugo un préjudice dont elle lui doit la réparation; que, de plus, il est juste que les engagements pris reçoivent pleine et entière exécution;

« Par ces motifs,

« Le tribunal, admettant, d'après les informations de la cause, le tort souffert par Victor Hugo, et jugeant en dernier ressort;

« Condamne Védel, et par corps, à payer à Victor Hugo 6,000 francs à titre de dommages-intérêts;

« Ordonne que dans le délai de deux mois, à compter de ce jour, Védel, en sa qualité de directeur de la Comédie-Française, sera tenu de représenter *Hernani*;

« Que dans le délai de trois mois, aussi à compter de ce jour, ledit Védel sera tenu de représenter *Marion de Lorme*;

« Que dans le délai de cinq mois Védel complétera les quinze représentations d'*Angelo*, sinon, et faute par lui de le faire dans lesdits délais, condamne dès à présent Védel, par les voies de droit, et même par corps, à payer à Victor Hugo 150 francs par chaque jour de retard;

« Condamne Védel aux dépens; ordonne l'exécution provisoire sans caution. »

COUR ROYALE DE PARIS

(PRÉSIDENCE DE MONSIEUR SÉGUIER, PREMIER PRÉSIDENT.)

Audience du 5 décembre.

A l'ouverture des portes, une foule considérable se précipite dans la salle. On remarque dans les rangs du public un grand nombre de littérateurs et d'artistes dramatiques.

Monsieur Victor Hugo a quelque peine à se placer dans la tribune particulière qui lui a été réservée, et qui est déjà envahie par des avocats.

Me Delangle prend la parole en ces termes :

« En 1829, monsieur Victor Hugo présenta à la Comédie *Marion de Lorme* : il était le chef de cette école qui, se frayant des routes nouvelles, annonçait la prétention et manifestait l'espérance de raviver la littérature. L'ouvrage fut lu, reçu ; le contrat était formé : mais la censure empêcha la représentation ; cette intervention établissait la force majeure, et la pièce fut retirée.

« En 1830, *Hernani* fut accepté et monté avec soin ; mademoiselle Mars y remplissait le principal rôle ; tout fut mis en œuvre pour exciter la curiosité.

« Un journal, donnant son opinion sur ma plaidoirie devant le tribunal de commerce, a dit que je n'étais pas un homme littéraire.

« Je n'ai pas de prétention à ce titre ; mais il me sera permis de rappeler, comme un fait notoire, que certains spectateurs, à l'occasion de la pièce nouvelle, dépassèrent toutes les limites connues de l'admiration, et que, dans leur enthousiasme, ils voulurent imposer leur sentiment d'une façon peu littéraire : il faut le dire, on se battit au parterre ; ce fut, du reste, un nouvel attrait pour l'avide curiosité du public.

« Quarante-huit représentations produisirent de bonnes recettes.

« Survint la révolution de Juillet et l'abolition de la censure. Les comédiens se rappelèrent la déconvenue de *Marion de Lorme*, ils la redemandèrent à l'auteur, qui refusa, par l'honorable motif qu'on pourrait voir dans cet ouvrage des allusions à la récente expulsion du roi Charles X.

« Depuis, *Marion de Lorme* fut par lui donnée à la Porte-Saint-Martin, où elle eut soixante-huit représentations. Le contrat originaire, deux fois brisé, cessait donc d'enchaîner aucune des parties à l'égard de cet ouvrage.

« Le 12 août 1832, *le Roi s'amuse* devint, entre monsieur Victor Hugo et monsieur Desmousseaux, artiste du Théâtre-Français, agissant au nom du Comité d'administration, l'occasion d'un traité spécial.

« M. Desmousseaux promettait de reprendre *Hernani* pour le courant du mois de janvier 1833. Il était nécessaire de distribuer de nouveau les rôles, mademoiselle Mars renonçant à celui de dona Sol, et Michelot, chargé de celui de Charles-Quint, ayant quitté le théâtre. En outre, pour plaire à l'auteur, on engageait madame Dorval; puis on lui accordait une prime avantageuse dès avant la lecture.

« Il n'y eut aucun retard dans l'exécution de la première de ces promesses : *le Roi s'amuse* fut représenté; mais la pièce fut défendue par la censure après la première représentation. Fut-ce par l'effet d'une intrigue littéraire?

« Ce qui est certain, c'est qu'un procès, fait par l'auteur au ministre de l'intérieur, devant le tribunal de commerce, demeura sans succès, et que les comédiens, qui avaient dépensé pour monter la pièce 20,000 francs et beaucoup de temps, en furent pour leur temps et leur argent.

« Un nouveau traité intervint, le 24 février 1835, avec monsieur Jouslin de Lasalle.

« Quel était monsieur Jouslin de Lasalle? Il remplaçait le comité d'administration jusque-là chargé de faire les marchés relatifs à l'exploitation du théâtre, mais avec l'obligation de prendre l'avis du conseil judiciaire et d'obtenir le visa du commissaire royal, dépendant lui-même du ministre de l'intérieur.

« Le traité avait pour objet la reprise d'*Hernani* dans les six mois qui suivraient le 10 avril, lors prochain, la réception de *Marion de Lorme*, la représentation d'*Angelo, tyran de Padoue*, et l'allocation à monsieur Victor Hugo d'une prime de 4,000 francs payable même avant la lecture.

« Ce traité était-il légal? On reconnaîtra au moins que le passé était purgé et que la plainte n'était plus permise à l'égard du retard qu'avait éprouvé la reprise d'*Hernani*.

« Aujourd'hui, procès et assignation au tribunal de commerce; elle ne tendait à rien moins qu'à des dommages-intérêts pour le passé, et à la reprise des trois pièces dans le plus bref délai.

« Le débat s'est agrandi devant le tribunal; on a signalé le monopole exercé par certains auteurs et le favoritisme dont ils sont l'objet, tandis que la nouvelle école est l'objet de l'anathème et du dédain. Monsieur Victor Hugo lui-même n'a pas dédaigné de prendre la parole, et le lendemain les amateurs de comptes fidèlement rendus ont pu lire son discours dans la *Gazette des Tribunaux*.

« La Comédie répondait que le traité n'était pas obligatoire; que si une obligation en résultait, il n'était dû néanmoins aucuns dommages-intérêts pour le passé; enfin qu'un délai suffisant devait être accordé pour reprendre les trois pièces de monsieur Victor Hugo.

« La contagion ayant en quelque sorte gagné les juges du tribunal de commerce, ils ont rendu, par des motifs moitié en droit, moitié littéraires, le jugement sévère qui est déféré à la Cour. »

Après avoir donné lecture de ce jugement, maître Delangle fait d'abord observer qu'il est déraisonnable d'avoir condamné par corps monsieur Védel, simple agent et directeur, auquel on ne peut opposer des faits personnels.

« Dans ce jugement, ajoute l'avocat, on rencontre à la fois la théorie littéraire et l'appréciation des actes et des faits.

« Toutefois, bien qu'il n'y ait à s'occuper que des actes, un mot sur la théorie. C'est le reflet des plaintes de monsieur Victor Hugo; mais il n'y a pas ombre de justice.

« Il suffit de rappeler comment l'illustre écrivain était accueilli au Théâtre-Français, et quelle belle part lui était faite, y compris les 4,000 francs de prime qui lui étaient alloués même avant la lecture de ses drames. Mais c'est ainsi que raisonne l'intérêt personnel.

« Lorsqu'à la chambre des députés il fut question de la subvention à allouer au Théâtre-Français, on se récria contre la nature des ouvrages joués depuis quelque temps sur ce théâtre. Je veux que ces doléances soient venues de personnages du *contraire parti* (on rit); mais enfin, après de telles plaintes, après les préférences, on peut le dire, dont il était l'objet, monsieur Victor Hugo n'avait pas le droit de se plaindre.

« Qu'on dise, comme l'a fait le tribunal de commerce, « qu'il est digne d'un peuple qui doit à la culture du drame « tragique et comique une de ses gloires les plus belles, « d'ouvrir à tous les systèmes de littérature, à tous les « talents, un théâtre national où ils puissent, à leurs ris- « ques et périls, se produire devant un public éclairé, et, « par une lutte de gloire plutôt que d'argent, concourir « tous ensemble à l'illustration des lettres françaises, » c'est fort poétique et fort libéral sans doute. S'il n'y avait risque et péril que pour les auteurs, passe encore; mais qui se trouve exposé? les comédiens, et c'est à leurs dépens que se fait la poésie et le libéralisme. »

L'avocat, s'expliquant sur le traité dont le Théâtre-Français demande la nullité, fait remarquer qu'on ne peut imputer aucune mauvaise foi à monsieur Védel, qui n'est pas l'auteur de ce traité, qui a voulu l'exécuter, en tant qu'il eût été exécutable, et qui enfin ne fait que suivre la direction qui lui est imprimée par le conseil judiciaire du théâtre.

Me Delangle résume rapidement les moyens qu'il a présentés.

Me Paillard de Villeneuve prend la parole pour monsieur Victor Hugo.

« Messieurs, dit-il, on vous a dit que c'était une question commerciale que vous aviez à juger. On a eu raison; car la propriété littéraire, quelles que soient la noblesse de son origine et la gloire de ses résultats, en l'absence de lois particulières qui la régissent, n'est autre chose, dans de pareils débats, qu'une marchandise.

« Soit donc, plaidons sur cette marchandise, mais au moins ne la rejetons pas au-dessous des marchandises les plus vulgaires. Plaidons sur une question commerciale, mais n'oublions pas alors qu'en pareille matière il faut, avant tout, bonne foi, loyauté, principes incontestables et sacrés, qu'il semble que dans toute cette discussion on ait voulu prendre à tâche de méconnaître et de violer. Élaguons donc pour un moment, de cette cause ainsi rétrécie

Hernani.

et le nom glorieux de l'auteur que je représente, et les graves conséquences que la liberté littéraire attend de votre décision.

« Il s'agit de savoir si les traités que la Comédie-Française a demandés, implorés comme une grâce, doivent être exécutés au profit de monsieur Victor Hugo, comme ils l'ont été au profit du théâtre. Telle est la seule question du procès.

« Avant d'y arriver, quelques mots sur les faits.

« En 1829, monsieur Victor Hugo composa *Marion de Lorme*, dont les représentations furent arrêtées par un véto de la censure. En transmettant cet ordre à monsieur Victor Hugo, monsieur le ministre de l'intérieur lui envoya comme compensation l'ampliation d'une ordonnance qui portait à 6,000 francs la pension de 2,000 francs qu'il tenait de la volonté spontanée de Louis XVIII. Monsieur Hugo refusa cette pension; quelles que fussent les insistances du ministre, il persista dans ce refus; et, plus tard, en 1832, lorsqu'à l'occasion du *Roi s'amuse* il se vit contraint de plaider contre le ministre de l'intérieur, il renonça de lui-même à cette pension de 2,000 francs, dont on semblait lui faire reproche, pour l'arrêter dans la lutte qu'il soutenait.

« Ces faits me semblent de nature à être rappelés dans une discussion où l'on paraît nous accuser d'élever des questions d'argent. Je puis rappeler aussi, au nom d'un auteur qu'on représente comme demandant à être joué par autorité de justice, que monsieur Hugo, en 1830, après l'abolition de la censure, refusa de laisser jouer *Marion de Lorme*, parce qu'il ne lui convenait pas de faire servir une œuvre littéraire à des passions politiques, et qu'il n'était pas dans sa pensée de spéculer sur un succès injurieux pour une dynastie tombée. »

L'avocat rappelle les divers traités intervenus, et dont

il rattache la violation à des intrigues de camaraderie et à un système de monopole qui ferme les portes du Théâtre-Français à un des genres de la littérature dramatique.

« On a posé d'abord une question d'argent, poursuit l'avocat ; il importe d'y répondre. Si la Comédie-Française, a-t-on dit, recule devant l'exécution des traités, c'est que cette exécution la menace d'un épouvantable déficit : tenir sa parole, ce serait pour elle une ruine inévitable. Voyons :

« Il y a au théâtre, pour les recettes, une espèce de thermomètre qui indique la situation la plus prospère. Ce sont les recettes de mademoiselle Mars.

« Or, pendant l'hiver de 1835, saison favorable, comme on sait, la moyenne de ces recettes a été de 2,618 francs 95 centimes : je prends depuis la plus forte, celle du *Misanthrope*, qui est de 4,321 francs, jusqu'à la plus faible, celle de l'*École des vieillards*, qui n'est que de 1,250 fr. : ce qui prouve, soit dit en passant, que la Comédie-Française n'exécute pas toujours aussi rigoureusement le règlement qui repousse du théâtre toute pièce qui ne fait pas les frais.

« Or, la moyenne des quatre-vingt-cinq recettes de monsieur Victor Hugo, toutes faites dans la saison d'été, est de 2,914 francs.

« Admet-on les cinq représentations d'*Angelo*, données en vue du procès et dans des circonstances que je signalerai plus tard : cette moyenne est de 2,856 francs. Et si nous défalquons les frais du théâtre, d'après le chiffre même qu'il nous donne, il en résulte que le bénéfice net sur les deux ouvrages de monsieur Hugo, *Angelo* et *Hernani*, est de 125,600 francs.

« Ce sont là, sans doute, de misérables détails, je le sais ; mais enfin il faut bien répondre par des chiffres aux étranges lamentations de ce théâtre.

« Nous aurions désiré que la Comédie-Française nous mît, par la communication de ses registres, à même de comparer ce qu'on appelle la situation pécuniaire de monsieur Hugo avec celle des auteurs les plus favorisés du théâtre.

« Cette communication a été refusée. Mais j'ai pu me procurer ce chiffre : or, la moyenne des recettes de l'un de ces auteurs est de 1,917 francs ; celle de l'autre, poëte tragique, est de 1,803 ; et cependant nous verrons de quelle singulière faveur jouissent ces deux auteurs qui, lorsqu'il nous est impossible, à nous, d'obtenir l'exécution de nos traités, obtiennent de la volonté toute gracieuse des comédiens, en 1836, par exemple, 115 représentations, et tous les autres auteurs 54 seulement ; en 1837, en dix mois, 119, et les autres 34. »

M⁰ DELANGLE : C'est inexact.

M⁰ PAILLARD DE VILLENEUVE : « On m'arrête... Ah ! je sais que monsieur Védel, comme certain personnage d'un drame moderne, va vous dire : « Mais le *Constitutionnel*... » (Rires dans l'auditoire.) Oui, je sais que le *Constitutionnel*, qui a voulu jeter dans cette question une intervention littéraire que je veux croire impartiale, prétend que j'ai, devant les premiers juges, annoncé un fait matériellement inexact en soutenant qu'en 1836 ces deux auteurs avaient obtenu 115 représentations, attendu, ajoute ce journal, que l'un de ces auteurs n'avait eu que 98 représentations, et l'autre 17.

« Or, le journal en question trouve ridicule que j'aie additionné ces deux chiffres par 115. (On rit.)

« Arrivons à quelque chose de plus sérieux ; voyons les traités. Ils sont nuls, dit-on ; ceux qui les ont signés étaient incapables. (On rit.)

« Ainsi, on s'est présenté chez monsieur Victor Hugo avec une qualité qu'on n'avait pas, qu'on savait ne pas avoir.

« On lui a proposé des traités, on lui a imposé des obligations. Il les a, lui, exécutées fidèlement, loyalement ; et lorsqu'à son tour il en demande l'exécution contre le théâtre... on l'arrête.

« Tout cela n'était qu'un jeu ; ces traités n'étaient que des mensonges : ces directeurs qui sont allés chez vous, ils ont trompé votre bonne foi, c'étaient des comédiens qui ont joué leur rôle ; c'étaient des signatures imaginaires, comme la veille, au théâtre, celle de Crispin... Non, non, ce n'est pas ainsi qu'on se joue de la sainteté des conventions ; ce n'est pas avec de tels moyens qu'on abuse la justice ; et, je n'en doute pas, messieurs Desmousseaux et Védel, tous deux hommes honorables, je me plais à le dire, gémissent, dans leur loyauté, d'en être réduits à de pareils moyens. »

Ici l'avocat discute les dispositions du décret de 1812 ; il s'attache à démontrer que, d'après ce décret, le Comité d'administration avait droit de traiter, ainsi qu'il l'a fait par l'entremise de monsieur Desmousseaux, son délégué ; que les incapacités et les nullités doivent être formellement écrites ; que le décret ne parle ni de visa, ni de conseil judiciaire ; que ces formalités intrinsèques et non essentielles ne se trouvent que dans l'ordonnance de 1822, laquelle est toute de règlement intérieur, n'a point été insérée au Bulletin des lois, et n'a pu abroger ni modifier le décret de 1812.

M⁰ Paillard de Villeneuve soutient de plus que, de l'aveu même de monsieur Védel, aucun des traités par lui souscrits n'a été soumis à ces formalités d'avis préalable et de visa ; qu'il y a eu ratification des traités par l'exécution partielle qu'en a consentie le Comité.

Il répond ensuite aux objections tirées du défaut de mise en demeure.

« On prétend, ajoute l'avocat, que la lettre de 1837, écrite par monsieur Védel, a eu pour effet de résoudre les traités. C'est un moyen nouveau dont il n'a pas été dit un mot en première instance.

« Or, s'il pouvait avoir quelque fondement, je m'étonnerais qu'il eût échappé à la pénétration de mon habile adversaire ; et, certes, au lieu de se jeter dans des fins de non-recevoir toujours peu honorables, la Comédie-Française n'eût pas manqué d'argumenter de cette renonciation de monsieur Hugo à ses droits.

« Quoi donc ! l'obligation s'éteint par cette lettre qui est du débiteur lui-même ? Où donc est la renonciation du créancier ? C'est une novation qu'on invoque ici.

« Or, aux termes de la loi, la novation ne se présume pas ; elle doit être stipulée dans des termes exprès.

« Faut-il maintenant nous expliquer sur les diverses fins de non-recevoir opposées à chacun des drames dont monsieur Victor Hugo demande que vous ordonniez la représentation ?

« Quant à *Hernani*, monsieur Victor Hugo, dit-on, devait distribuer les rôles en premier et en double. Il ne l'a pas fait, bien que l'ordonnance de 1822 lui en fît une obligation expresse. Il ne doit donc imputer qu'à lui-même un retard qu'il a ainsi occasionné par sa propre négligence.

« A cet égard, la Comédie-Française s'est vue forcée de modifier aujourd'hui les allégations qu'elle n'avait pas craint de produire en première instance.

« Aucune distribution n'avait eu lieu, disait-elle. Or, les registres du Comité constatent qu'elle a été faite par monsieur Hugo et par monsieur Jouslin de Lasalle.

« On est forcé d'en convenir aujourd'hui, et on se contente de dire que la distribution n'a pas été faite *en double*. A cet égard, nous dirons, et monsieur Védel ne nous démentira pas, que cette distribution en double ne se fait jamais; que non-seulement les directeurs ne la demandent pas, mais qu'ils s'y refuseraient, car la troupe n'y pourrait suffire, et les doubles ne prennent jamais place au répertoire que lorsque les chefs d'emploi, par caprice ou par nécessité, abandonnent leurs rôles.

« Sur ce point, monsieur Védel, je le répète, confirmera mes assertions; il l'a lui-même déclaré lors du délibéré de première instance.

« Toutes les formalités, à l'égard d'*Hernani*, ont donc été remplies par l'auteur, et la lettre de monsieur Jouslin de Lasalle ne laisse aucun doute sur ce point. Elle constate que lorsqu'il a quitté la direction, tout était prêt, acteurs, décors, costumes, pour la reprise d'*Hernani*.

« Quant à *Marion de Lorme*, on soutient qu'elle devait être soumise aux nouvelles formalités d'une lecture et d'une approbation par le Comité.

« Comment! *Marion de Lorme* a été reçue en 1830 par acclamations, c'est mon adversaire qui l'a dit, elle a obtenu soixante-huit représentations; et quand la Comédie-Française s'engage à en effectuer la reprise, elle a, dites-vous, sous-entendu la condition préalable d'une nouvelle lecture !

« Mais, lorsque la reprise a été stipulée, ne connaissait-on pas cet ouvrage ? les comédiens n'avaient-ils pas battu des mains à sa lecture ? ne l'avaient-ils pas accueilli avec l'enthousiasme le plus ardent ? et le public ne l'avait-il pas applaudi durant soixante-huit représentations consécutives ?

« Oui, sans doute, dites-vous; mais les comédiens ont un goût si sûr, si épuré; depuis sept années, leurs études littéraires ont grandi, ont pris une direction nouvelle : il faut que leur judicieux contrôle s'exerce encore sur cette œuvre que peut-être, en 1829, ils ont mal appréciée, et que le public ignorant a eu le tort d'applaudir si souvent.

« Soyez plus francs! dites que vous ne voulez pas exécuter le traité qui vous lie.

« Je le répète, jamais dans les traités on n'a songé aux nécessités d'une lecture nouvelle : elle serait en dehors de tous les usages du théâtre. Et je pourrais citer vingt ouvrages qui, joués sur d'autres théâtres, ont été sans lecture admis au Théâtre-Français : *Marino Faliero*, les *Vêpres siciliennes*, les *Comédiens*, etc.

« A l'occasion d'*Angelo*, on excipe de cinq recettes inférieures, dit-on, au chiffre des frais. Il est des auteurs auxquels on n'oppose pas cette rigueur du règlement.

« D'ailleurs, vous connaissez la moyenne des recettes de monsieur Victor Hugo; mais, nous l'avons dit et nous le répétons, ces cinq représentations ont été données en vue du procès, et le théâtre a fait tout son possible pour en annuler la recette.

« Faut-il vous dérouler les mille intrigues, les misérables tracasseries auxquelles monsieur Hugo a été en butte? Vous pouvez, sur ce point, vous en rapporter aux bureaux et aux comédiens, dont les misérables inimitiés s'acharnent contre lui.

« Ainsi, par exemple, on annonce *Angelo*; au jour indiqué, indisposition subite de madame Volnys; le lendemain, rétablissement tout aussi subit qui lui permet de jouer avec beaucoup de vigueur et de talent dans la *Camaraderie*; le surlendemain, *Angelo* est encore annoncé; mais, tant la santé de ces dames est chose délicate et capricieuse (on rit), seconde indisposition subite de l'actrice, qui force de remettre la représentation; et le lendemain encore, second rétablissement subit qui permet au public de l'admirer et de l'applaudir dans *Don Juan d'Autriche*.

« Je n'en finirais pas, si, depuis les caprices des premiers sujets jusqu'aux maladresses du souffleur, je vous racontais ce qui se passe quand il s'agit de nuire à l'auteur. Il y a pour cela un terme en argot de coulisses... je l'oublie en ce moment.

« Ainsi, on commence à six heures au lieu de sept, de telle sorte qu'à moins d'arriver à jeun, le public est menacé de ne voir que le dénoûment; la seconde pièce sera ce qu'on appelle un *repoussoir*...; on jouera l'ouvrage, comme on l'a fait à l'égard d'*Angelo*, le jour où des réjouissances publiques appellent toute la population sur la place publique; on saura choisir les conditions les plus défavorables, afin de s'en prévaloir plus tard, lors du procès qu'on attend... Que sais-je ? Je le répète, fiez-vous-en pour tout cela aux comédiens ! »

L'avocat, dont la brillante plaidoirie a constamment captivé au plus haut point l'attention des juges et de l'auditoire, s'attache ensuite à justifier chacune des dispositions du jugement, quant aux dommages-intérêts et aux délais fixés pour la représentation des ouvrages de monsieur Victor Hugo.

Ces délais sont précisément ceux que la Comédie-Française a fixés dans ses traités. Elle a reconnu elle-même qu'ils étaient suffisants pour la mise en scène des deux ouvrages.

« J'ai justifié, dit l'avocat en terminant, chacune des dispositions du jugement de première instance : vous le confirmerez dans son entier.

« A côté des motifs de ce jugement, qui consacrent les droits privés de monsieur Victor Hugo, il en est d'autres qui formulent en thèse générale les droits de la propriété littéraire, et rappellent au Théâtre-Français le but de son institution en protestant contre le scandaleux monopole qui l'exploite. Vous accorderez à l'une et à l'autre de ces pensées des premiers juges l'autorité de votre haute sanction; et, en donnant ainsi à la Comédie-Française une leçon de bonne foi, vous consacrerez, au profit de la littérature dramatique, un principe tutélaire de liberté. »

Mᵉ Delangle, en quelques mots de réplique, cherche à rétablir les chiffres des recettes qu'il avait présentés, et qui donnent lieu à de vives interpellations auxquelles prennent part messieurs Victor Hugo et Védel.

M. VICTOR HUGO : « Je dénie formellement les chiffres présentés par l'avocat; ils sont inexacts, et, la Comédie le sait, le directeur m'a refusé communication des registres.

M. VÉDEL : « C'est vrai. J'ai cru devoir le faire.

M. LE PREMIER PRÉSIDENT, sévèrement : « Pourquoi avez-vous refusé vos registres? Vous avez eu tort, monsieur. »

Monsieur Védel garde le silence.

M. LE PREMIER PRÉSIDENT : « La parole est à monsieur l'avocat général.

M. VICTOR HUGO : « Je prie la cour de me permettre quelques observations.

M. LE PREMIER PRÉSIDENT : « Parlez, monsieur Victor Hugo, parlez.

VICTOR HUGO (mouvement d'attention) : « Ainsi que je l'ai dit devant les premiers juges, si je prends la parole dans cette affaire, c'est qu'il y va d'un intérêt général.

« Ce n'est pas de moi seulement qu'il s'agit, messieurs, c'est de toute la littérature. Ce procès résoudra une question vitale pour elle.

« Aussi ai-je dû intenter ce procès; aussi ai-je dû ajouter ma parole, dévouée aux intérêts de tous, à l'éloquente parole de mon avocat.

« Ce devoir, je l'ai accompli une première fois devant le tribunal de commerce; je viens l'accomplir une seconde fois devant la cour.

« Et en effet, messieurs, le fait si grave que je viens d'énoncer résulte du procès tout entier. Qu'est-ce donc que ce procès? Examinons-le.

« Dans ce procès, j'ai deux adversaires : l'un public; l'autre latent, secret, caché.

« L'adversaire public n'est pas sérieux, c'est le Théâtre-Français; l'adversaire caché est le seul réel. Qui est-il? Vous le saurez tout à l'heure.

« Je dis que mon adversaire public, le Théâtre, n'est pas un adversaire sérieux

« Et, en effet, que suis-je pour le Théâtre-Français? Un auteur dramatique. Et quel auteur dramatique?

« Ici, messieurs, est toute la question. Messieurs, il n'y a pour les théâtres que deux espèces d'auteurs dramatiques : les auteurs qui les enrichissent et les auteurs qui les ruinent. Pour les théâtres, les pièces qui rapportent de l'argent sont les bonnes pièces; les pièces qui ne rapportent pas d'argent sont les mauvaises.

« Sans doute c'est là une grossière façon de juger, et la postérité classe les poëtes d'après d'autres raisons.

« Mais nous n'avons pas à traiter ici la question littéraire : nous ne sommes pas la postérité, nous sommes les contemporains.

« Et pour les contemporains, pour les tribunaux en particulier, entre les critiques qui affirment qu'une pièce est bonne et les critiques qui affirment qu'une pièce est mauvaise, il n'y a qu'une chose certaine, qu'une chose prouvée, qu'une chose irrécusable : c'est le fait matériel, c'est le chiffre, c'est la recette, c'est l'argent.

« Les contemporains jugent souvent mal, c'est possible. Le *Misanthrope* a ruiné le théâtre, *Tiridate* l'a enrichi. Eh bien ! devant les contemporains, le *Misanthrope* a tort et *Tiridate* a raison.

« La postérité casse parfois les jugements des contemporains; mais, je le répète, pour les auteurs vivants, nous ne sommes pas la postérité ! Acceptons donc pour vérité, sinon littéraire, du moins commerciale, ce fait que, pour les théâtres, il n'y a que deux espèces d'auteurs : les auteurs qui les ruinent et les auteurs qui les enrichissent.

« Eh bien! que suis-je pour le Théâtre-Français? Suis-je un auteur qui le ruine? Suis-je un auteur qui l'enrichit?

« Voici le premier point dont il importe d'avoir la solution. Cette solution rayonnera ensuite sur toute la cause.

« Je n'ai fait recevoir au Théâtre-Français que quatre pièces, *Marion de Lorme*, *Hernani*, *le Roi s'amuse*, *Angelo*. De ces quatre pièces, deux, *Marion de Lorme* et *le Roi s'amuse*, ont été, à deux époques différentes, arrêtées par la censure; deux seulement, *Hernani* et *Angelo*, ont pu être librement représentées.

« Maintenant, combien ces deux dernières pièces ont-elles eu de représentations ? 91. Quelle somme totale ont produite ces 91 représentations?

« Ici, messieurs, je dois le dire, dans le premier procès, justement indigné des manœuvres de la Comédie-Française contre les dernières représentations d'*Angelo*, j'avais cru devoir rejeter du total de mes recettes ces quelques recettes évidemment préparées artificiellement par le théâtre pour le besoin de la cause et pour servir d'argument, comme mon avocat vous l'a excellemment démontré, et comme l'a jugé le tribunal de commerce. J'avais cru, dis-je, devoir rejeter ces recettes; mais à quoi bon? que m'importe?

« Ma cause n'est-elle pas victorieuse, même en admettant ces recettes? Je les admets donc.

« Eh bien! messieurs, même en y comptant ces mauvaises représentations, résultat des intrigues du théâtre, les recettes de mes 91 représentations à la Comédie-Française donnent un total de 259,963 francs 15 centimes, et une moyenne de 2,856 francs 67 centimes.

« Les frais sont de 1,470 francs par représentation. Calculez le bénéfice.

« La moyenne des recettes de mademoiselle Mars dans l'ancien et le nouveau répertoire, de mademoiselle Mars, la célèbre actrice, qui a 40,000 francs d'appointements pour les énormes recettes qu'elle produit, — prise dans les conditions les plus favorables, dans l'hiver, pendant que mes pièces ont toujours été jouées l'été, — la moyenne des recettes de mademoiselle Mars est de 2,618 francs 96 centimes.

« Calculez la différence. En faveur de qui est-elle? En ma faveur.

« Je puis donc le dire, et le dire hautement, — cela d'ailleurs ne préjuge en rien la valeur littéraire de mes ouvrages, — je suis pour la Comédie-Française au nombre des auteurs qui l'enrichissent; cela résulte invinciblement des faits, des preuves, des chiffres... »

M. VÉDEL, interrompant : « Je ne l'ai jamais contesté; monsieur Victor Hugo n'avait pas même besoin d'insister là-dessus; monsieur Victor Hugo est au-dessus de cette discussion.

M. VICTOR HUGO : « Je le crois, monsieur, je l'aurais même dédaignée, cette discussion de chiffres, parce que la notoriété publique suffirait pour la trancher; mais votre avocat ayant avancé des allégations, j'ai dû lui répondre par des preuves. »

Ici monsieur Victor Hugo se retourne vers la cour et ajoute :

« Et, messieurs, il n'a pas tenu à moi que ces preuves fussent plus complètes encore.

« Je voulais, par un dépouillement étendu des registres de la Comédie-Française, mettre les tribunaux à même de comparer mes recettes avec celles des auteurs privilégiés qu'on joue le plus souvent à ce théâtre. Une vive lumière eût jailli de ce rapprochement.

« J'ai demandé au théâtre communication de ses registres. Le théâtre a refusé.

« Ainsi, dans cette cause, nos chiffres sont publiés, le théâtre cache les siens.

« Tout ce qui nous concerne est mis au jour, le théâtre se retranche dans l'ombre.

« Nous combattons à visage découvert; la Comédie combat masquée. De quel côté est la loyauté ?

« On se récrie, on discute, on publie des chiffres dans certains journaux.

« Qui nous prouve que ces chiffres sont exacts? La vérification ne pourrait s'en faire que sur les registres du théâtre : le théâtre refuse ses registres. Jugez entre nos adversaires et nous, messieurs.

« Je reprends.

« Que suis-je donc pour le Théâtre-Français? Un auteur dramatique. Quel auteur dramatique? Un auteur dramatique qui remplit la caisse du théâtre. Voilà les faits.

« De quelle façon est-ce que je me présente dans cette cause? Avec des drames dans une main et des traités dans l'autre. Qu'est-ce que ces drames? Je viens de vous le dire. Qu'est-ce que ces traités? Je vais vous le dire.

« Les drames ont-ils été profitables au théâtre? Oui, messieurs.

« Les traités sont-ils valables? Oui, également.

« Eh! messieurs, ces traités, mon avocat vous l'a dit et l'avocat du théâtre n'a pu le contester : ce n'est pas moi qui les ai faits, c'est la Comédie-Française. Ce n'est pas moi qui les ai demandés : c'est la Comédie-Française. Ce n'est pas moi qui ai été chercher le théâtre, c'est le théâtre qui est venu me chercher.

« Au nom du théâtre, monsieur Taylor est venu me trouver; au nom du théâtre, monsieur Desmousseaux est venu me trouver; au nom du théâtre, monsieur Jouslin de Lasalle est venu me trouver; au nom du théâtre, monsieur Védel est venu me trouver. Pourquoi? pour m'offrir ces mêmes traités que le théâtre repousse maintenant.

« Et je dis tout cela devant monsieur Védel, qui connaît les faits comme moi et qui ne me démentira pas.

« Ces traités, les directeurs successifs du théâtre les ont écrits en entier de leur main.

« Ces traités, ils les ont réclamés de moi, ils les ont sollicités, ils les ont obtenus comme une faveur, et bientôt ils me demanderont de nouveaux ouvrages. »

M. VÉDEL : « Certainement, et c'est ce que j'ai toujours demandé.

M. VICTOR HUGO : « Vous l'entendez. (Mouvement.) C'est qu'apparemment mes traités sont valables, et le théâtre le sait bien. Mes pièces ont rempli la caisse, et le théâtre le sait bien.

« Le théâtre, je l'ai dit en commençant, n'est pas sérieusement mon adversaire. Le théâtre a eu besoin de moi; et je ne crains pas de le dire, il en aura besoin encore. Avant trois mois, vous le verrez, si les recettes baissent, le directeur de la Comédie-Française saura retrouver le chemin de ma maison. Il me trouvera bienveillant.

« Il me trouvera bienveillant. Pourquoi? parce que dans toute cette affaire, je le répète, le théâtre, en vérité, n'est pas mon adversaire réel.

« La Comédie a mis beaucoup de mauvaise foi dans cette lutte, mais c'est une mauvaise foi qu'on lui a imposée, je le sais; elle en rougira un jour, et je la lui pardonne dès à présent.

« Mais si les comédiens français ne sont pas mes adversaires véritables, quels sont donc mes adversaires?

« Ici, messieurs, j'arrive à la véritable question, à la question importante, à la question générale, à la question qui m'a fait prendre la parole, à la question dont la solution intéresse la littérature dramatique tout entière.

« Non, ce n'est pas au théâtre que sont mes réels adversaires. Où sont-ils donc? Je vais vous le dire.

« Messieurs, mon adversaire dans cette cause, ce n'est pas le gouvernement, ce serait mettre un trop grand mot sur de petites tracasseries ; ce n'est pas le ministère, ce n'est pas même un ministre.

« J'en suis fâché; j'aurais souhaité avoir affaire à quelqu'un de considérable dans cette occasion; ne fût-ce que par dignité, j'aime mieux les grands ennemis que les petits ennemis : mais, il faut bien que j'en convienne, mes ennemis ne sont pas grands. (Sensation.)

« Mon adversaire, dans cette cause, c'est une petite coterie embusquée dans les bureaux du ministère de l'intérieur, qui, sous prétexte que la subvention passe par le ministère pour aller au Théâtre-Français, prétend régir et gouverner souverainement à sa guise ce malheureux théâtre.

« Je dis ceci hautement, messieurs, pour que l'avertissement sévère de mes paroles aille jusqu'au ministre.

« Si ce procès a lieu aujourd'hui, c'est que cette coterie l'a voulu ; si le Théâtre-Français a manqué à ses engagements, c'est que cette coterie toute-puissante l'a voulu ; si, à l'heure qu'il est, trois ou quatre auteurs seulement sont représentés constamment au Théâtre-Français à l'exclusion de tous les autres, c'est que cette coterie le veut. C'est un groupe d'influences uni, compacte, impénétrable, une *camaraderie*, — ce n'est pas moi qui ai inventé le mot (on rit), mais puisqu'on l'a fait, je m'en sers ! — une camaraderie, dis-je, qui bloque et qui obstrue l'avenue du théâtre.

« Tout un grand côté de la littérature est mis par elle à l'index. C'est à la littérature presque tout entière que cette coterie prétend fermer la porte du théâtre. Cette porte, messieurs, votre arrêt la rouvrira.

« Je le dis parce que c'est un fait, mais c'est un fait bien étrange, cette coterie a déjà la censure politique, elle veut avoir en outre la censure littéraire.

« Que pensez-vous de la prétention, messieurs?

« Aussi c'est un devoir que j'accomplis maintenant. En 1832, j'ai flétri la censure politique ; en 1857, je démasque la censure littéraire. La censure littéraire ! comprenez-vous, messieurs, tout ce que ce mot a d'odieux et de ridicule ?

« La fantaisie d'un commis, le bon goût d'un commis, la poétique d'un commis, la bonne ou mauvaise digestion littéraire d'un commis, voilà la loi suprême qui régira la littérature désormais !

« L'opinion sans contrôle et sans appel d'un censeur qui ne saura pas toujours le français, voilà la règle souveraine qui ouvrira et qui fermera désormais aux poëtes le théâtre de Corneille et de Molière ! La censure littéraire ! et avec cela la censure politique !

« Deux censures, bon Dieu ! N'était-ce pas déjà trop d'une ! (Vive impression.)

« Et en terminant, messieurs, permettez-moi une observation. Pour attaquer toute espèce de censure, je suis dans une position simple et bonne. Dans un temps où une licence déchaînée avait envahi les théâtres, moi, partisan de la liberté des théâtres, je me suis censuré moi-même.

« Mon avocat et l'avocat de la Comédie-Française vous l'ont raconté de concert, et je ne rappelle ici qu'un fait connu de tout le monde.

« En août 1830, j'ai refusé au Théâtre-Français d'autoriser la représentation de *Marion de Lorme* ; je l'ai refusé afin que le quatrième acte de *Marion de Lorme* ne fût pas une occasion d'injure et d'outrage contre le roi tombé.

« L'avocat du théâtre vous l'a dit lui-même, un immense succès de scandale politique m'était offert, je n'en ai pas voulu. J'ai déclaré qu'il n'était pas digne de moi de faire de l'argent, — comme on dit à la comédie, — avec l'infortune d'une royale famille, et de vendre, en plein théâtre, aux passions haineuses d'une révolution, le manteau fleurdelisé du roi déchu. J'ai déclaré, en propres termes, quant à ma pièce, que j'aimais mieux *qu'elle tombât littérairement que de réussir politiquement* ; et, un an après, en racontant ces faits dans la préface de *Marion de Lorme*, j'imprimais ces paroles, qui seront toujours, en pareille occasion, la règle de toute ma vie : « C'est quand il n'y a « plus de censure que les auteurs doivent se censurer eux-« mêmes, honnêtement, consciencieusement, sévèrement. « Quand on a toute liberté, il sied de garder toute me-« sure. » (Mouvement d'approbation.)

« Le tribunal de Commerce a apprécié tous ces faits, messieurs. Il a entendu le débat public des plaidoiries, il a approfondi les moindres détails de la cause dans son délibéré. Il a vu qu'il y avait au fond de la résistance du Théâtre-Français dans cette affaire une intrigue fatale à la littérature. Il a senti qu'il était injuste que ce théâtre, le seul national, le seul subventionné, le seul littéraire, fût ouvert à quelques auteurs et fermé pour tous les autres.

« Le tribunal consulaire, dans sa loyale équité, est venu au secours des lettres. Il a rendu un jugement mémorable que vous consacrerez, je n'en doute pas, par une mémorable confirmation. Il a rouvert à deux battants pour tout le monde la porte du Théâtre-Français : ce n'est pas vous, messieurs, qui la fermerez.

« Vous aussi, messieurs, vous êtes la conscience vivante du pays. Vous aussi, vous viendrez en aide à la littérature dramatique persécutée de tant de façons honteuses, et vous ferez voir à tous, à nous comme à nos adversaires, à la littérature dont je défends ici les libertés et les intérêts, à cette foule qui nous écoute et qui entoure ma cause d'une si profonde adhésion, vous ferez voir, dis-je, qu'au-dessus des petites cavernes de police il y a des tribunaux, qu'au-dessus de l'intrigue il y a la justice, qu'au-dessus des commis il y a la loi. » (Sensation profonde et prolongée.)

M. LE PREMIER PRÉSIDENT : « La cause est remise à huitaine pour entendre monsieur l'avocat général. »

Audience du 12 décembre.

Une affluence aussi considérable qu'au jour des plaidoiries remplit l'auditoire et les places réservées.

Monsieur Victor Hugo est assis dans une tribune près du barreau.

Monsieur Pécourt, avocat-général, prend la parole en ces termes :

« Cette cause est importante pour monsieur Victor Hugo et pour tous ceux qui suivent la même carrière que lui.

« Toutefois, il ne s'agit pas ici d'un examen littéraire sur la préférence à accorder à tel ou tel genre de compositions dramatiques ; il s'agit uniquement de la validité et de l'exécution d'actes et de traités souscrits de bonne foi, et les principes les plus certains comme les plus ordinaires du droit suffisent à l'appréciation et au jugement de ces contrats.

« Le Théâtre-Français conteste cette validité et se refuse à cette exécution. Entrons donc dans cette appréciation. »

Monsieur l'avocat-général rappelle que le décret du 15

octobre 1812, dit décret de *Moscou*, attribue à un Comité d'administration du Théâtre Français la passation de tous marchés, obligations pour le service, ou actes relatifs à la société, et n'exige ni le visa du commissaire impérial, ni l'avis du conseil judiciaire.

En 1822, une ordonnance royale prescrivit ce visa et cet avis; mais ces formalités, qui ne sont pas imposées comme conditions essentielles de la validité des traités, sont, dans l'usage, sans application.

« Nous devons même dire, ajoute monsieur l'avocat-général, que monsieur le commissaire royal du Théâtre-Français nous a avoué avec la plus honorable franchise que les traités ont lieu maintenant sans l'une ni l'autre de ces formalités. D'ailleurs, l'exécution que le théâtre a donnée aux traités faits par monsieur Victor Hugo en est la ratification la plus complète.

« On prétend que monsieur Hugo aurait renoncé à leur exécution, et cette prétention s'appuie sur les expressions de monsieur Védel, dans lesquelles il remercie l'auteur d'avoir bien voulu modifier les clauses des traités.

« Mais ces expressions n'ont rien d'explicite pour établir la renonciation de l'auteur, qui n'a point écrit cette lettre, mais à qui elle a été adressée. Ce serait d'ailleurs ici une novation qui ne se présume pas et que rien ne justifie avoir eu lieu de la part de monsieur Victor Hugo.

« Les traités doivent donc être exécutés, et leur inexécution donne lieu à des dommages-intérêts envers l'auteur, qui, depuis sept ans, en a vainement réclamé le bénéfice. Ces dommages-intérêts ont été fixés par le Tribunal de Commerce à 6,000 francs, et nous devons dire qu'examen fait de tous les documents que nous avons eus sous les yeux, nous avons la conviction la plus entière que la représentation des drames de monsieur Victor Hugo aurait produit à leur auteur une somme bien supérieure.

« La Comédie-Française reproche à monsieur Victor Hugo de ne pas l'avoir mise en demeure par un acte extrajudiciaire.

« Mais cette mise en demeure résulte bien suffisamment des réclamations perpétuelles de l'auteur, certifiées par la correspondance des parties.

« La Comédie prétend aussi qu'il y aurait péril pour sa caisse à représenter les drames de monsieur Victor Hugo, qui, suivant elle, n'amènent que de médiocres recettes.

« Il est, au contraire, établi, par le relevé des recettes produites par ses drames, qu'elles sont supérieures à celles qui sont les plus fructueuses.

« La Comédie-Française refuse d'exhiber ses registres, et monsieur Victor Hugo, qui a montré dans cette cause une complète loyauté, dépose des bordereaux certifiés par l'agent des auteurs près le Théâtre-Français, qui constatent qu'en effet ces recettes dépassent celles des représentations les plus profitables à la Comédie.

« D'ailleurs les plaintes de la Comédie fussent-elles justifiées, et elles ne le sont point, il n'en résulterait pas qu'elle pût se soustraire à ses engagements : un débiteur ne se délie pas de son obligation sous le seul prétexte qu'elle lui est onéreuse. »

Monsieur l'avocat-général s'explique ensuite sur chacune des pièces qui ont donné lieu au procès.

« A l'égard d'*Angelo*, poursuit monsieur l'avocat-général, la Comédie s'est exécutée, et, depuis les dernières plaidoiries, ce drame a été représenté : nouvelle confirmation des traités.

« Quant à *Hernani*, la distribution des rôles avait été faite par l'auteur, et la distribution en double, qu'on lui reproche de n'avoir point faite, ne serait point un motif de déchéance de ses droits, et en tous cas elle serait, pour ce drame, matériellement impraticable au Théâtre-Français, dont le personnel n'est pas assez nombreux pour cette distribution en double : c'est au point que plusieurs rôles doivent nécessairement être joués par le même acteur. »

Monsieur l'avocat-général rappelle le procès de monsieur Vander-Burch contre le Théâtre-Français, qui alors aussi repoussait cet auteur, sous le prétexte du défaut de la distribution en double.

« La Cour, dit-il, accueillit cette défense du théâtre. Mais la situation était bien différente de celle du procès actuel. Monsieur Vander-Burch, après avoir obtenu un jugement qui ordonnait au théâtre de jouer sa pièce, à peine de 100 francs par jour d'indemnité, avait laissé écouler le délai; puis il réclamait 3 ou 4,000 francs, montant des jours de retard accumulés. La Cour a bien pu ne pas s'associer à la rigueur de cette demande. Mais aujourd'hui monsieur Hugo réclame simplement l'exécution d'un contrat de bonne foi, qu'on prétend répudier faute de l'accomplissement d'une formalité sans importance et tombée en désuétude.

« Le drame de *Marion de Lorme* offre les mêmes inconvénients pour cette distribution en double. On veut imposer à monsieur Victor Hugo la nécessité d'une nouvelle lecture de ce drame, déjà reçu après lecture au Théâtre-Français par acclamations il y a quelques années. Comment concevoir une pareille prétention, après cette première réception, après soixante-huit représentations productives à un autre théâtre?

« Quelle doit être, dit en terminant monsieur l'avocat-général, la quotité des dommages-intérêts à allouer à monsieur Victor Hugo?

« Nul doute qu'en ne jouant pas depuis sept ans *Hernani*, et depuis trois ans *Marion de Lorme*, nonobstant les instantes réclamations de l'auteur, on n'ait fait éprouver à monsieur Victor Hugo un préjudice considérable.

« Mais cette cause n'est pas de sa part un procès d'argent, et la position malheureuse dans laquelle se trouve actuellement le Théâtre-Français peut déterminer la Cour à une diminution dans le chiffre adopté par le tribunal de Commerce; nous pensons, quant à nous, que ce chiffre pourrait être réduit, par ces seuls motifs, à la somme de 3,000 francs.

« Le tribunal de Commerce a fixé à deux mois le délai qu'il accorde au Théâtre-Français pour la représentation d'*Hernani*, et à trois mois, celui qu'il impartit au théâtre pour celle de *Marion de Lorme*.

« Nous n'apercevons aucun inconvénient à étendre ces délais à trois et quatre mois, ainsi que le demande la Comédie-Française. Les trois drames d'*Hernani*, d'*Angelo* et de *Marion de Lorme* pourront encore être représentés dans une saison favorable aux recettes.

« Il est encore un point sur lequel porte l'appel de monsieur Védel : simple gérant du théâtre, il se plaint d'avoir été condamné même par corps; mais une entreprise théâtrale est essentiellement commerciale, et celui qui en est gérant s'expose ainsi à la contrainte par corps.

« C'est en ce sens qu'il a toujours été décidé par la Cour dans toutes les causes où figurait le directeur du Théâtre-Français. »

Monsieur l'avocat-général conclut à la confirmation du jugement, sauf la réduction à 5,000 francs des dommages-intérêts et l'extension des délais pour les représentations.

M. LE PREMIER PRÉSIDENT : « La Cour, pour être fait droit aux parties, ordonne qu'il en sera de suite délibéré. »

Après vingt minutes de délibération dans la chambre du conseil, la Cour rentre en séance, et monsieur le premier président prononce, au milieu d'un profond silence, un arrêt par lequel :

« La Cour,

« Adoptant les motifs des premiers juges, confirme purement et simplement le jugement du tribunal de Commerce. »

Des marques unanimes de satisfaction se manifestent dans l'auditoire après le prononcé de cet arrêt, qui satisfait l'opinion publique d'une manière si éclatante; et monsieur Victor Hugo reçoit les vives félicitations du public nombreux qui l'entoure.

FIN DU PROCÈS D'ANGELO ET D'HERNANI.

LIBRAIRIE J. HETZEL, 18, RUE JACOB, PARIS.

Volumes illustrés

Cinq semaines en ballon, par JULES VERNE. Illustrations par RIOU. 1 vol. in-8. Relié, 10 fr.; broché.......................... 6 fr.

Histoire d'une Bouchée de pain, par JEAN MACÉ; illustrée par FRŒLICH. 1 vol. in-8. Relié, 10 fr.; broché .... 6 fr.

Aventures de Jean-Paul Choppart, par LOUIS DESNOYERS. Nouv. édit. illustrée par GIACOMELLI. 1 vol. Relié, 10 fr.; broché.... 6 fr.

La Tasse à thé, par A. KAEMPFEN; illustrée par WORMS. 1 vol. Relié, 10 fr.; broché. 6 fr.

Histoire d'un Aquarium et de ses habitants, par ERNEST VAN BRUYSSEL. Illustrations par BECKER et RIOU. 1 vol. grand in-8.. 6 fr.

Lili à la campagne. 24 dessins à la plume par L. FRŒLICH. Texte par P.-J. STAHL. Volume-album grand in-8.............. 5 fr.

Alphabet de Mademoiselle Lili. 30 dessins par FRŒLICH. Volume-album grand in-8. 3 fr.

NOUVELLES ÉDITIONS :

Contes du petit Château, par JEAN MACÉ; illustrés par BERTALL. 1 beau vol. Relié, 10 fr.; broché...................... 6 fr.

Picciola, par XAVIER SAINTINE. 39e édition, illustrée à nouveau par FLAMENG. 1 vol. Relié, 10 fr.; broché................. 6 fr.

Magasin d'Éducation et de Récréation, dirigé par JEAN MACÉ et P.-J. STAHL, avec la collaboration de nos écrivains les plus distingués, et illustré par nos principaux artistes. — La 1re année forme 2 vol. in-8 jésus, contenant chacun environ 200 gravures.—Chaque vol. broché, séparément 6 fr.; cartonné doré.................. 8 fr.

—8 volumes sont en vente : les 3 volumes, brochés, 18 fr.; cart. dorés............ 24 fr.

La Comédie enfantine, par LOUIS RATISBONNE. Riche édit. illustrée par GOBERT et FROMENT. Ouvrage couronné par l'Académie. — 5e édition (1re série). 1 vol. Relié, 14 fr.; broché........ 10 fr.

Nouvelles et dernières scènes de la Comédie enfantine, à l'usage du second âge, par LOUIS RATISBONNE; illustrées par FROMENT. Riche édition pareille à la première série. Gravures à part, d'après Froment, tirées en couleur. 1 beau vol. sur vélin (dernière série). Relié, 14 fr.; broché........................ 10 fr.

Les Enfants (le livre des Mères et des jeunes Filles), par VICTOR HUGO; la fleur des poésies de Victor Hugo ayant trait à l'enfance, illustrée par FROMENT. 1 vol. gr. in-8. Relié, 15 fr.; broché. 10 fr.

Théâtre du petit Château, par J. MACÉ. 1 beau volume sur vélin, illustré par FROMENT. Relié, 10 fr.; broché........................ 6 fr.

L'Arithmétique du grand Papa (Histoire de deux petits marchands de pommes), par JEAN MACÉ. Illustr. de YAN'DARGENT. 1 vol. Relié, 10 fr.; broché............................... 6 fr.

Les Aventures d'un petit Parisien, par ALFRED DE BREHAT. 1 beau vol. in-8, illus. par MORIN. Relié, 10 fr.; broché................. 6 fr.

Les Fées de la Famille, par Mme S. LOCKROY. 1 beau vol., ill. par DE DONCKER. Relié, 10 fr. broché............................ 6 fr.

La vie des Fleurs, par EUGÈNE NOEL. Illustrations de YAN'DARGENT. 1 vol. Relié, 10 fr. 6 fr.

Le nouveau Robinson suisse, par EUG. MULLER et P.-J. STAHL; illustrations de YAN'DARGENT. 1 vol. grand in-8. Relié, 10 fr.; broché..... 6 fr.

La belle petite princesse Ilsée, par P.-J. STAHL; illustrée par E. FROMENT. Jolie édit. gr. in-8. Relié toile, 7 fr.; broché.................. 5 fr.

Fables, par le comte A. DE SÉGUR; illustré par FRŒLICH. 1 vol. Relié, 10 fr.; broché........ 6 fr.

Récits enfantins, par E. MULLER; illustré par FLAMENG. Relié, 10 fr.; broché............ 6 fr.

Les Bébés, par le comte DE GRAMONT, illustrés par OSCAR PLETSCH. 1 vol. Relié, 10 fr.; broc. 6 fr.

Les bons petits Enfants, par le même. Vignettes par LUDWIG RICHTER. 1 vol. Relié, 10 fr.; broché............................... 6 fr.

Le petit Monde, par CHARLES MARELLE. 1 volume illustré. Relié, 10 fr.; broché............. 6 fr.

La Journée de Mademoiselle Lili. Joli album illustré par FRŒLICH. 7e édition. Cartonné.... 3 fr.

Les Aventures du petit roi Saint-Louis devant Bellesme, par PH. DE CHENNEVIÈRES. 1 joli vol. gr. in-18, en caractères elzéviriens italiques, imprimé en deux couleurs................. 5 fr.

De la Terre à la Lune, trajet direct en quatre-vingt-dix-sept heures treize minutes vingt secondes. 1 vol. par JULES VERNE.......... 3 fr.

Histoire d'une Chandelle, par FARADAY, traduction de W. HUGUES, avec notice biographique et notes sur les divers modes d'éclairage, par H. SAINTE-CLAIRE DEVILLE, de l'Institut. Illustration par JULES DUVAUX. 1 vol............ 3 50

Histoire naturelle et Souvenirs de Voyage, par F. ROULIN, de l'Institut. 1 vol............ 3 fr.

Géographie physique, par le commandant MAURY; traduction de ZURCHER et MARGOLLÉ. 1 vol. avec carte...................... 3 fr.

De la Physionomie et des Mouvements d'expression, par P. GRATIOLET, professeur à la Sorbonne. 1 vol. orné du portrait de l'auteur. 3 50

Un Habitant de la planète Mars, par H. DE PARVILLE, illustrations de RIOU. 1 volume........ 3 50

Aventures de Terre et de Mer, par le capitaine MAYNE-REID, traduction par E. ALLOUARD, illustrées par RIOU. 1 vol................. 3 50

Les Fondateurs de l'Astronomie moderne, Copernic, Tycho-Brahé, Kepler, Galilée, Newton, par JOSEPH BERTRAND, membre de l'Institut, 1 vol. (3e édition).................. 3 fr.

www.ingramcontent.com/pod-product-compliance
Lightning Source LLC
LaVergne TN
LVHW022204080426
835511LV00008B/1566